95/19.80

Michael Tolksdorf, Ein Geld für Europa

Analysen:
Politik – Gesellschaft – Wirtschaft

Eine Buchreihe, herausgegeben von
Göttrik Wewer

Band 47

Michael Tolksdorf

Ein Geld für Europa ?

Entwicklung und Funktionsweise der Europäischen Währungsunion

Leske + Budrich, Opladen 1995

Der Autor:
Dr. Michael Tolksdorf, Professor an der Fachhochschule für Wirtschaft Berlin

ISBN: 3-8100-1305-6

Satz: Werkstatt für Typographie, Offenbach.
Druck: Presse-Druck, Augsburg

Printed in Germany

Inhalt

1. Die Währungsunion als politisches und wirtschaftliches Problem

1.1 Ein Blick auf das Jahr 2.000

a. Europäer gehen einkaufen

Die sehr realistische Vermutung, daß die Menschen in Europa – genauer gesagt, die Bürgerinnen und Bürger der Europäischen Union *(„EU")* – auch nach der Jahrtausendwende Einkäufe tätigen, Spareinlagen abbuchen und Rechnungen im Einzugverfahren bezahlen, ist an sich weder eine Sensation noch ein Grund, diese wirtschaftlichen Transaktionen näher zu betrachten. Was jedoch ungewöhnlich sein könnte, ist das Zahlungsmittel, das dabei eingesetzt werden wird.

Auf der Grundlage des seit dem 1. November 1993 geltenden Rechts soll bis zu diesem Zeitraum eine in dieser Dimension noch nie vorher getätigte währungspolitische Großaktion durchgeführt worden sein: Die unter der Voraussetzung erfolgreicher Referenden bei den neuen Mitgliedsstaaten 16 Völker der EU mit ihren mehr als 350 Millionen Menschen wollen ein einheitliches gemeinsames Geld einführen. Es ist wahrscheinlich, daß einige der Mitgliedsstaaten noch nicht „reif" sein werden mitzumachen. Diese haben sich entweder von Anfang an das Recht bescheinigen lassen, sich „herauszuoptieren", oder aber sie werden wegen fehlender Eignung (noch nicht) in der Klub der Länder mit der Einheitswährung zugelassen.

Wie dem auch sei, für die Europäer der Währungsunion wird sich viel geändert haben: Löhne und Gehälter werden in europäischem Geld ausgezahlt, das als Arbeitstitel die Bezeichnung *„ECU"* trägt. ECU heißt zudem seit dem März 1979 die gemeinsame *„Korbwährung"* der Mitgliedsstaaten des Europäischen Währungssystems *(„EWS")*, dem Vorläufer der Währungsunion. ECU ist einmal die Abkürzung der englischen Bezeichnung für Europäische Währungseinheit *(„European Currency Unit")*. Zum anderen hieß eine erstmals 1266 unter König Ludwig IX von Frankreich geprägte Goldmünze *„écu"*, die ihren Namen von dem Wappenschild (lat. „scutum") erhalten hatte, das ihre Vorderseite zierte. Diese Bezeichnung klingt noch heute im portugiesischen

„Escudo" an. („Europa 2000", S. 59) Das war ein den Geldcharakter unterstreichendes und daher durchaus geplantes Wortspiel bei der Einführung der ECU.

Wie auch immer der endgültige Name sein wird (vielleicht bleibt man bei ECU – kurz, handlich, ohne Sprachprobleme), die Menschen werden ihre Rechnungen, Mieten und Steuern in ECU zu bezahlen haben. Das könnte beim bargeldlosen Zahlungsverkehr zum Stichtag der Währungsumstellung geschehen; alle Konten müßten zu diesem Termin in ECU umbenannt worden, wobei der Wechselkurs der nationalen Währung zum neuen Euro-Geld der maßgebliche Faktor für den genauen Betrag in ECU war.

Die Einführung der ECU's wird nämlich keine *„Währungsreform"* sein, wie sie (West-)Deutschland am 20.6.1948 und die DDR am 1.7.1990 erlebt hatten, als neues Geld eingeführt worden war, um das alte schlechte zu beseitigen und einen wirtschaftlichen Neuanfang zu ermöglichen. Die Einführung der ECU's wird eher an den vertrauten Umtausch von Reisedevisen erinnern: Man zahlt DM, um dafür nach Abzug von Umtauschkosten die französischen Francs des Urlaubsgebiets zu bekommen, und zwar zum für den Verbraucher ungünstigeren Verkaufskurs des Umtauschtages. Bis auf Gebühren und Kursgestaltung erhält man jedoch denselben Gegenwert für sein Geld – und nicht die für Währungsreformen typischen Abschläge (1990 erhielt ein DDR-Bürger für 100 DDR-Mark 50 DM, außerhalb der geringen Quote eines Umtauschs von einer Ost- zu einer Westmark). Das europäische Geld wird somit ohne Wertabschlag eingeführt: *„Mit der Umtauschaktion selbst sind ... Änderungen im Realwert von Geldforderungen und -verbindlichkeiten, Löhnen, Renten usw. nicht verbunden. Sie werden lediglich zu den jeweiligen Umtauschkursen in die neue Einheitswährung umgerechnet."* (Deutsche Bundesbank, 1992, S. 56)

Mit den ECU's kann man dann direkt im Urlaubsgebiet bezahlen; man kann auf der Dienstreise nach Brüssel ohne vorherigen Umtausch das Arbeitsessen für sich und den Gesprächspartner begleichen; die Kreditkartengesellschaft wird den ausmachenden Betrag ohne wechselkursbedingte Veränderung abbuchen. Auch die Rechnung für die in Paris eingekaufte Herrenkollektion wird mit dem gemeinsamen Geld per Überweisung bezahlt; wegen des gemeinsamen Kapitalmarkts erfolgt die Bezahlung ohne Wechselkursrisiken und ohne die hohen Sondergebühren der Banken und langen Laufzeiten für Überweisungen in fremde Währungsgebiete.

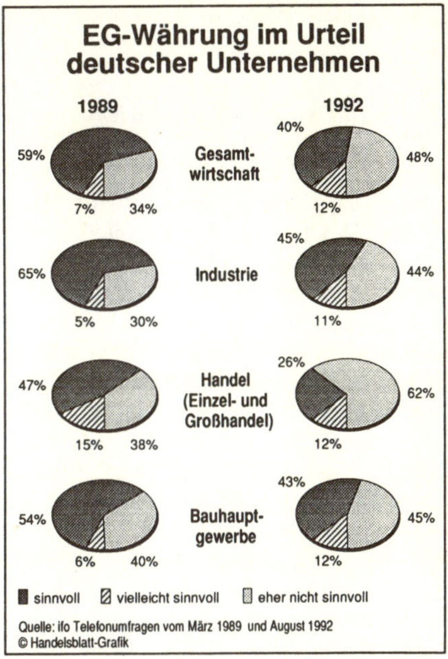

Die Europäer des Jahres 2.000 können Preise und Löhne direkt vergleichen, weil alles in demselben Geld berechnet wird. EU-Staaten, die besonders preiswert sind, erhalten damit Wettbewerbsvorsprünge gegenüber Ländern mit hohen Kosten, was letztere veranlassen mag, die Rentabilität des eigenen Wirtschaftsstandorts wieder herzustellen. Markttransparenz und Wettbewerb werden damit gesteigert. Vielleicht bewegt das die Europäer noch stärker als vorher, die Freizügigkeit innerhalb der EU zu nutzen, wie sie es bisher weitestgehend nur im nationalen Rahmen getan haben, z.B. in Deutschland als Umzug von einem Bundesland in ein anderes.

Dennoch werden viele Erinnerungen an die alten Zeiten nationalen Geldes wachbleiben: Im Jahre 2.000 wird die (noch einzurichtende) *Europäische Zentralbank („EZB“)* ECU-Banknoten noch nicht in ausreichender Menge bereitstellen können, so daß die alten nationalen Geldscheine weiter im Umlauf bleiben und von den Geschäften in ECU's umgerechnet werden. Ganz hoffnungslos wird es bei den Münzen sein: Hier wird es wohl ein Jahrzehnt dauern, bis ausreichend ECU-Münzen vorhanden sind und die alten nationalen Stücke eingezogen und umgetauscht werden konnten.

b. Der Zeitplan des Vertrages von Maastricht

Die Grundlage dieses Blicks in das Jahr 2.000 ist der am 7. Februar 1992 in der niederländischen Stadt Maastricht unterzeichnete Vertrag über die Europäische Union. Dieser Vertrag stellt *„die bedeutendste Fortentwicklung der europäischen Integration seit Unterzeichnung der Römischen Vertrage 1957 dar.“* (Zschiedrich, S. 20) Das Abkommen von Maastricht ist neben zahlreichen anderen Erweiterungen im Bereich der politischen Zusammenarbeit und der Demokratisierung der Gemeinschaft die Grundlage für eine Vereinheitlichung der Wirtschaftspolitik und der Wirtschafts- und Steuergesetze der Mitgliedsstaaten *(„Wirtschaftsunion“)* sowie für die Einführung eines einheitlichen Geldes *(„Währungsunion“).* Nach erfolgter Wirtschafts- und Währungsunion ist die EU zumindest in wirtschaftlicher Verfassung mit den USA zu vergleichen, die ja ebenfalls auf bundesstaatlichen Fundamenten eine einheitliche Wirtschafts- und Handelspolitik betreiben sowie über ein gemeinsames Geld, den US-Dollar, verfügen.

Der Vertrag von Maastricht war und ist politisch sehr kontrovers diskutiert worden; für viele Menschen mit ihren nationalstaatlichen Traditionen erscheint der mit der EWWU verbundene Verzicht auf einzelstaatliche Wirtschafts- und Währungssouveränität zu weitgehend. Dabei waren Widerstände gerade bei den Staaten festzustellen, die zu den eher reicheren und währungsstabileren gehörten, weil diese Aufweichungen und Umverteilungen ihrer wirtschaftspolitischen Erfolge befürchteten.

Ratifizierungsverfahren

Die weitgehenden Regelungen des Maastrichter Vertrages führten in den Mitgliedsstaaten zu aufwendigen Ratifizierungsverfahren, die in den meisten Ländern in der Form von Referenden durchgeführt wurden, bei denen jeder Wähler sein Votum abgeben konnte. Dabei scheiterte der Vertrag 1992 in einer ersten Volksabstimmung in Dänemark, was zu Nachverhandlungen führte, die Dänemark wie England ausdrücklich das Recht einräumten, sich aus der Automatik einer Währungsunion „herausoptieren“ zu dürfen. Im übrigen mußte der Vertrag von Maastricht, der wie eine Änderung der Verfassung der Europäischen Gemeinschaft anzusehen war, von allen Mitgliedsstaaten angenommen werden: Denn machte ein Land nicht mit, wäre der Vertrag insgesamt gescheitert, weil derartig weitreichende Änderungen der Römischen Verträge einstimmig von allen Mitgliedsstaaten angenommen werden mußten.

Das zeitlich aufwendigste Ratifizierungsverfahren fand in Deutschland statt; nach einer beeindruckenden Mehrheit des Bundestages und des Bundesrates zugunsten der Intensivierung der Zusammenarbeit in Europa mußte das Bundesverfassungsgericht entscheiden, ob die mit dem Vertrag verbundene Stärkung der europäischen Organe – die gleichzeitig eine Verringerung der Souveränität der deutschen Verfassungsorgane bedeutete – verfassungskonform war. Nachdem das Bundesverfassungsgericht dieses im Herbst 1993 mit gewissen Einschränkungen und Auflagen akzeptiert hatte, konnte das Abkommen von Maastricht am 1.11.1993 in Kraft treten.

Die Einführung der gemeinsamen europäischen Währung gilt als der Abschluß eines längeren Prozesses vereinheitlicher Wirtschafts- und Finanzpolitik; der Weg dorthin soll in drei Stufen zurückgelegt werden.

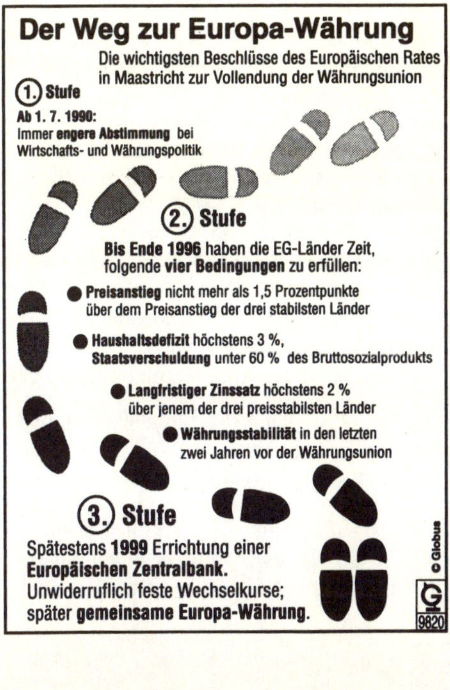

Die *erste Etappe* war die zum 1. Juli 1990 vollzogene Abschaffung der letzten, nur noch von Frankreich und Italien durchgeführten Kapitalverkehrskontrollen zwischen den Mitgliedsstaaten, wodurch ein einheitlicher Kapitalmarkt geschaffen wurde. Das bedeutete praktisch, daß jeder grundsätzlich Zugang zu allen Kreditinstituten der Gemeinschaft hatte; ein Berliner Unternehmen konnte Kredite nicht nur in Frankfurt, sondern auch in Paris aufnehmen, und Zahlungen ohne Kontrollen nach München oder nach London leisten;

Die *zweite Etappe* war die am 1.1.1994 erfolgte Errichtung eines *Europäischen Währungsinstituts („EWI“;* Art. 109 f. des „Vertrages zur Gründung der Europäischen Gemeinschaft“ in der Fassung vom 7.2.1992, abgekürzt EGV). Damit wurde die Zusammenarbeit der Notenbanken der Mitgliedsstaaten der EU auf eine neue Basis gestellt: Das EWI löste den bisherigen *Ausschuß der EG-Zentralbankpräsidenten* („Gouverneursausschuß“) ab und übernahm die Aufgaben des *Europäischen Fonds für währungspolitische Zusammenarbeit („EFWZ“).* Auf dieser Stufe sollen alle Weichen gestellt werden, damit die eigentliche Wirtschafts- und Währungsunion terminplangerecht bis spätestens 1999 hergestellt werden kann. Dazu gehören u.a.

- die Förderung der „Konvergenz“ der Mitgliedsstaaten, also die Übereinstimmung ihrer wesentlichen wirtschaftspolitischen Ziele und Ergebnisse;
- die Kontrolle der *Staatsfinanzen* mit dem Ziel, stabilitätsfeindliches Schuldenmachen einzuschränken;
- die Angleichung der Währungspolitik im Hinblick auf die *Geldwertsicherung* mit Hilfe des EWI;
- Verbot der *Kreditgewährung* seitens der Notenbanken an den öffentlichen Sektor, also den Staat mit seinen Körperschaften (Bahnen, Post). Damit soll den Staaten die Möglichkeit genommen werden, sich über die Zentralbanken – die ihrerseits öffentlich-rechtliche Einrichtungen sind – bevorrechtigt Kredite zu verschaffen und die Stabilitätsforderungen zu verletzten.

Die *dritte Etappe* ist dann die Endphase der *Europäischen Wirtschafts- und Währungsunion* (EWWU). Sie soll durch eine einheitliche Währungspolitik, ausgeführt durch die gemeinsame *Europäische Zentralbank* (EZB), und eine sehr eng aufeinander bezogene Wirtschaftspolitik der Mitgliedsstaaten gekennzeichnet sein. Die EWWU ist als Stabilitätsgemeinschaft konstruiert worden; alle Bestimmungen über die wirtschafts- und währungspolitische Arbeit sind geprägt von dem Bemühen, sich wechselseitig auf die Ziele der Geldwertstabilität und der Verhinderung von Überschuldung der öffentlichen Haushalte zu verpflichten.

c. Was ist überhaupt Geld? Und was eine Währung?

Der bisherige Problemaufriß übernahm die Begriffe „Geld“ und „Währung“ dem umgangssprachlichen Gebrauch; wer wüßte nicht, was Geld ist, wie man es verdient und ausgibt, wie Kinder auf den „richtigen“ Gebrauch von Geld vorbereitet werden? Man hat eine Vorstellung davon, daß Geld „arbeitet“ und Zinsen bringt, die Welt regiert, Menschen korrumpiert und die Stelle ist, von der ab die Freundschaft aufhört. Freunde amerikanischer Comics erinnern sich, daß einem älteren Mitglied der Duck-Familie zu tun gelingt, was viele wollen, nämlich buchstäblich in Geld zu schwimmen. Ansonsten fehlt es an allen Ecken und Enden, wie private und öffentliche Haushalte übereinstimmend national wie international erklären und auf ihre wachsenden Schulden verweisen.

Es lohnt sich daher, etwas näher zu betrachten, was Geld ist. Vielleicht wird dadurch deutlicher, was es für die nationale Souveränität bedeutet, auf eigenes zugunsten von Gemeinschaftsgeld zu verzichten.

Ein britisches Management-Lexikon gibt eine knappe Antwort: Geld ist *„ein allgemein akzeptiertes Mittel Schulden zu bezahlen, Zahlungen vorzunehmen und Wert zu messen.“* (French, Saward, S. 283) Damit werden die Aufgaben angesprochen, die Geld in einer arbeitsteiligen, entwickelten Volkswirtschaft erbringt: *Geld wäre dann alles, was die Geldfunktionen erfüllt*; notfalls müßte man auch die eher als Ersatzformen begriffenen Packungen amerikanischer Zigaretten als Nachkriegszahlungsmittel in Deutschland als Geld anerkennen.

Geld als „Geschöpf der Rechtsordnung“

Gablers Wirtschaftslexikon (11. Aufl., 1983) unterscheidet noch zwischen *„Begriff“* und *„Funktionen“* des Geldes: Begrifflich ist Geld *„eine Anweisung auf das Sozialprodukt, ein dokumentiertes Wertversprechen allgemeiner* Art“, wenn man es wirtschaftlich definiert. Rechtlich ist Geld *„das vom Staat vorgeschriebene Zahlungsmittel, ein Geschöpf der Rechtsordnung.“*

Der wirtschaftliche Teil der Definition unterstreicht die Bedeutung, die Geld für jeden Einzelnen hat; es gewährt Ansprüche auf

Teile der volkswirtschaftlichen Wertschöpfung und ermöglicht somit die materielle Existenz in der Gesellschaft. Wer kein Geld hat, kann das „Wertversprechen“ für sich nicht nutzen, kann also keine Wohnung mieten, kein Brot und keine Bücher kaufen.

Nimmt die Geldmenge zu, ohne daß sich die Wertschöpfung der Volkswirtschaft, das „Sozialprodukt“, erhöht, dann erfahren die Inhaber des Geldes, daß sie pro Geldeinheit geringere Mengen des Sozialprodukts erwerben können. Sie spüren das als *inflationären Geldwertverlust* („Kaufkraftverlust durch Preissteigerungen“ als Verringerung des „inneren“ Geldwerts).

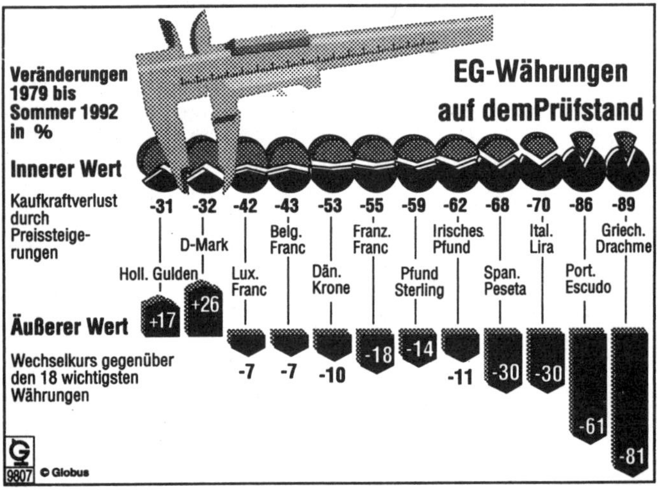

Der rechtliche Geldbegriff verweist auf die besondere Rolle des Staates als derjenigen Instanz, die selbst oder über die Notenbank als staatlicher Einrichtung das Geld bereitstellt. Für die Europäische Union als einer supranationalen Einrichtung konnte somit in entsprechender Übertragung der traditionellen nationalstaatlichen Befugnisse das Recht vorgesehen werden, an Stelle der Mitgliedsstaaten Geld herauszugeben.

Geldformen

Die Formen, die das Geld genannte Zahlungsmittel annehmen kann, haben sich im Laufe der Entwicklung erheblich gewandelt; dieser Änderungsprozeß ist zudem noch in vollem Gange. Wegen der Verwendung von Geld in Tauschprozessen hatten die ersten Geldformen einen eigenständigen Wert an sich und konnten ihrerseits als Waren gehandelt werden (Vieh, Felle, Muscheln). Als praktikabler stellte sich heraus, Edelmetalle (Gold, Silber) als Geld zu verwenden; Gold hatte einen Wert an sich (Schmuck), war knapp und wegen seiner natürlichen Eigenschaften (keine Korrosion, leicht verarbeitbar, anders als Vieh sehr viel handlicher dimensioniert) für den Einsatz als Zahlungsmittel besonders geeignet. Die Goldmünze ihrerseits war im Wert gleich *(„äquivalent")* der mit ihr gekauften Ware.

Ein wesentliche Entwicklungsphase mit allen Möglichkeiten und Gefahren war der Verzicht auf den unmittelbaren Gebrauch der Edelmetalle im marktwirtschaftlichen Tauschvorgang; stattdessen wurden „Anweisungen" auf das Edelmetall als Zahlungsmittel verwendet: Warum ein Pfund Sterlingsilber oder ein entsprechend Vielfaches davon als Geld mit sich herumtragen, wenn der Verkäufer einen Schein annimmt, auf dem ihm bescheinigt wird, an Stelle des Käufers über den entsprechenden Silberbestand verfügen zu können? Von der Einführung des in vollem Umfang durch Gold gedeckten Papiergeldes über die nur noch teilweise Deckung („Goldkernwährung") bis zur „Demonetisierung" des Goldes, den Verzicht also, Gold als Wertdeckung des Geldes einzusetzen, war es ein folgerichtiger Weg. Wir werden später sehen, daß die am 15.8.1971 durch den damaligen amerikanischen Präsidenten Nixon aufgehobene Golddeckung des US-Dollars einen historischen Schlußstrich unter eine praktisch jahrtausendalte Entwicklung setzte, eine Geldform zu halten, die als solche wertäquivalent sein sollte.

Papiergeld an sich ist wertlos; seinen praktischen Wert und damit die Annahme als Geld durch die Marktteilnehmer rührt daher, daß es sowohl eine Anweisung auf eine tatsächlich vorhandene produktive Wertschöpfung, auf einen Teil des Sozialprodukts also, darstellt, als auch durch Gesetzesakt rechtlich zu Geld (daher „gesetzliches Zahlungsmittel") gemacht worden ist.

Die neueren Entwicklungen zeigen weitere Formänderungen des Geldes; man denke nur an die Überweisungen von Gehältern und Rechnungen auf Konten, in deren Verlauf selbst die Papierform des Geldes bedeutungslos geworden ist. Der Einsatz von Kredit- und Scheckkarten läßt Geld die Form eines elektronischen Buchungsvorgangs annehmen; als Geldbestand akzeptieren die Marktteilnehmer heute die Mitteilung über den Kontostand auf dem heimischen BTX-Gerät. Und so verfügen sie auch über ihre

Geldbestände: Hatte der Kontostand für die Privatperson ein positives Vorzeichen und stellte damit eine Forderung an die Bank dar, dann ließ er sich für Käufe verwenden; hatte er ein negatives Vorzeichen und bezeichnete Schulden gegenüber der Bank, dann war üblicherweise die Tilgung der Schulden angezeigt.

Daran muß erinnert werden, wenn ein gemeinsames europäisches Geld eingeführt werden soll – welche Erscheinungsform nimmt Geld für die verschiedenen Marktteilnehmer tatsächlich an? Will man die Banknote als identitätsstiftenden nationalen Geldschein, oder genügt der Ausdruck auf einem Kontoauszug als hinreichender Nachweis für den Geldbestand?

Währung

Erläuterungsbedürftig ist abschließend der Begriff „Währung". Der jeweilige Nationalstaat bzw. die Europäische Union verfügen über ihre jeweilige *„Währung als der durch Rechtsordnung des Staates legitimierten Geldverfassung einer Volkswirtschaft."* (Bülow, S. 587) Weiterhin stellt der Begriff der Währung die Wertbeziehungen und den Zahlungsverkehr mit anderen Ländern dar; folgerichtig will sich die EU eine „Währungs"-Union geben, die das bisherige Europäische „Währungs"-System (EWS) ablösen soll. Wechsel- bzw. Devisenkurse sind demnach die Wertbeziehungen zwischen zwei Währungen: 1 US-Dollar ist je nach Tageskurs z.B. 1,74 DM wert, wobei der Dollar die Währung der USA ist. Wenn eine Währung durch Kursfeststellung an ausländischem Geld gemessen wird, spricht man vom „äußeren" Wert des Geldes.

d. Die Geldfunktionen

Wegen ihrer besonderen Wichtigkeit für die weiterführenden Überlegungen soll noch einmal an die oben erwähnten Geldfunktionen erinnert werden. Geld erfüllt danach bestimmte „Aufgaben" in einer Volkswirtschaft. Umgekehrt sind alle Dinge und Einrichtungen, die eben diese sog. Geldfunktionen erfüllen, als Geld, als Zahlungsmittel anzuerkennen. Dieser Hinweis ist bedeutsam, weil er die in der Alltagsvorstellung dominierende Bedeutung der sicht- und handhabbaren Banknote als eigentliche Geldform relativiert.

Es werden vielfach drei Geldfunktionen (Hardes, Rahmeyer, Schmid, S. 140) unterschieden:

Geld als Tauschmittel

Da die Marktwirtschaften ganz wesentlich Tauschwirtschaften sind, in denen alle Wirtschaftssubjekte durch Leistungsaustauschbeziehungen miteinander verbunden sind (Arbeitsleistungen, Einkommen, Güterkäufe), hat das Geld die Aufgabe, diese zahllosen Tauschvorgänge überhaupt zu ermöglichen. Geld ist deshalb „Mittel", weil es den beschränkten bilateralen Naturaltausch von unmittelbarer Leistung und Gegenleistung überwindet. Man denke nur an die tatsächlichen Behinderungen des Handels zwischen Deutschland und östlichen Reformstaaten, denen internationales Geld fehlt und die deshalb mit Naturalprodukten bezahlen müssen, die jedoch der Lieferant häufig nicht benötigt.

Geld als Tauschmittel macht Handel „multilateral": Man liefert und läßt sich mit Geld bezahlen, das dann verwendet wird, um bei einem Dritten die gewünschte Gegenleistung gegen Geld zu erwerben.

Im internationalen Handel, aber auch im Austausch zwischen den Partnerstaaten der EU, muß vereinbart werden, welches Geld als Tauschmittel verwendet werden soll. Grundsätzlich sind alle Währungen *„Geschöpfe nationaler Rechtsordnungen"*, also nationale Zahlungsmittel, die jetzt auch international verwendet werden sollen. Damit ist jedoch das Problem nicht gelöst, ob dieses nationale Geld dafür auch in ausreichender Menge zur Verfügung steht. Es ist daher wirtschaftlich sinnvoll, in engen Integrationsräumen wie der EU, die über einen einheitlichen Binnenmarkt verfügt, auch ein einheitliches Tauschmittel durch Rechtsakt zu schaffen. Zwingend ist das allerdings nicht; die EU-Partner könnten sich auch mit einer oder mehreren nationalen Währungen behelfen.

Geld als Recheneinheit und Wertmaßstab

Geld ist hier der *einheitliche Wertmaßstab* für alle Güter und Dienste, mit dem alle Waren vergleichbar und additionsfähig gemacht werden. Man denke nur an die fundamentale volkswirtschaftliche Größe „Sozialprodukt" als der Wertschöpfung in Form von Gütern und Diensten, die sich nur deshalb als ein gemeinsamer Wertausdruck darstellen läßt, weil alle Werte in Geld bezeichnet und auf diese Weise addiert werden können. Ohne diese Recheneinheit ließe sich das Sozialprodukt nur als endlose Liste aller produzierten physischen Mengeneinheiten darstellen. Das erinnert an das schulische Standardbeispiel, wonach man Äpfel und Birnen nicht addieren könne; die Existenz von Geld ermöglicht es dagegen, eine Summe „Obst im Wert von xy DM" zu bilden.

Im internationalen Austausch entstehen bei unterschiedlichen Währungen erhebliche Probleme bei der Geldfunktion „Recheneinheit und Wertmaßstab", wenn die Währungen nicht zweifelsfrei durch wirtschaftlich „richtige" Wechselkurse vergleichbar gemacht werden können. Als Beispiel kann an Großbritannien erinnert werden, das nach den Ölfunden in der Nordsee erhebliche Einnahmen durch die Ölverkäufe erzielte. Damit verbesserte sich die Stellung Englands im Außenhandel, was den Wert der britischen Währung steigerte (Aufwertung). Dies wiederum erhöhte den Wertausdruck britischer Industrieexporte, die damit teurer wurden als vorher. Angesichts des scharfen internationalen Wettbewerbs verloren viele Erzeugnisse bei diesen Kursen ihre Wettbewerbsfähigkeit, was der britischen Industrie Produktionsrückgänge, Arbeitsplatzabbau und Betriebsschließungen aufbürdete.

Das unterstreicht die Bedeutung, die einem einheitlichen Geld als gemeinsamem Wertmaßstab und Rechengröße im europäischen Binnenmarkt zukommt.

Geld als Wertaufbewahrungsmittel

Diese Funktion stellt das Geld als Vermögen in den Mittelpunkt. Das geht über die traditionelle Tauschmittel- und Wertmaßstabsfunktion hinaus und berücksichtigt das tatsächliche Verhalten am Markt, wonach Vermögensbesitzer Teile ihres Vermögens in Form von Bargeld (z.B. als Bestand auf einem praktisch nicht verzinsten Konto für täglich fälliges Geld) halten. Diese von J.M. Keynes in den 30er Jahren des 20. Jahrhunderts herausgestellte Geldfunktion widersprach der damaligen Geldtheorie, die bei Vermögensbesitzern grundsätzlich unterstellte, daß sie Bargeld in verzinslichen Wertpapieren anlegten. Keynes machte jedoch deutlich, daß es auf den Wertpapiermärkten krisenhafte Situationen geben könnte, die es vernünftig erscheinen ließen, das Vermögen vorzugsweise liquide zu halten und auf Zinserträge zu verzichten: Das sei zu erwarten, wenn hohe Kursverluste bevorstünden, für die es keinen Ausgleich durch Zinserträge gebe.

Geld als Vermögenshaltung verläßt den Wirtschaftskreislauf, es wird „gehortet". Als Tauschmittel für Käufe und Verkäufe, als Lohnzahlungsmittel für Beschäftigte steht es nicht zur Verfügung. Das gilt es gleichfalls zu bedenken, wenn die EU eine gemeinsame Geldversorgung für alle Mitgliedsstaaten einführen wird.

1.2 Ein Blick zurück – im Zorn!

Die Motive für die Schaffung der europäischen Währungsunion sind ohne die katastrophalen Erfahrungen mit dem währungspolitischen Nationalismus der Vergangenheit nicht vollständig verständlich. Daher soll ein kurzer Blick zurück genommen werden, wobei die Zwischenkriegszeit der Weimarer Republik im Mittelpunkt steht; es ist ein Blick zurück im Zorn.

Auch ohne internationale Verträge, die auch nur annähernd die Intensität der Vertragswerke nach dem 2. Weltkrieg (*Allgemeines Zoll- und Handelsabkommen*, GATT; *Internationaler Währungsfonds*, IWF; *Montanunion* als Vorläuferin der *Europäischen Wirtschaftsgemeinschaft*, EWG) angenommen hatten, gab es damals ein Regelungswerk für die internationalen, damit auch die innereuropäischen, Wirtschaftsbeziehungen der Staaten. Die Grundlage des Außenhandels und der internationalen Zahlungsströme war die allgemeine Akzeptanz von Gold als internationaler Wertmaßstab. Die damalige Währungsordnung wurde daher als *„Goldstandard"* bezeichnet.

a. Goldstandard als internationales Regelwerk

Da alle maßgeblichen Währungen in Gold definiert waren (und zwar als Gewichtseinheiten; so hatte eine Feinunze Gold bis 1934 den Wert von 20,65 US-Dollar; eine „Goldmark" entsprach 0,35842 Gramm Feingold), standen auch die Wechselkurse der Währungen zueinander fest. Dabei bestand der Grundsatz der Wertäquivalenz; wenn die Währungseinheit X eines Landes mit 4 Gramm Gold, die Einheit Y eines anderen Landes mit einem Gramm Gold festgelegt war, dann war eine Währungseinheit des ersten Landes viermal so viel wert wie eine Einheit des anderen: Der Wechselkurs betrug somit ein 1 X = 4 Y.

Alle in die Weltwirtschaft integrierten Länder mußten sich diesen festen Wechselkursen der goldbestimmten Währungen anpassen. Sie richteten ihre interne Wirtschaftspolitik (Beschäftigungs- und Geldwertkontrolle) so ein, daß ein Ausgleich des internationalen Leistungsaustauschs erreicht werden konnte. Hatte ein Land beispielsweise Exportschwierigkeiten, weil seine Preise zu stark gestiegen waren, dann mußte es im Inland Preis- und Lohnkontrollen durchführen. Damit konnte es gelingen, das Preisniveau wieder zu senken. Da die Wechselkurse durch die Goldwerte festgelegt waren, übertrugen sich Preisänderungen im Inland unmittelbar auf das Ausland; die hier beschriebene Wirtschaftspolitik der Preisdisziplin machte die Produkte auch im Ausland billiger und damit stärker nachgefragt. Auf diese Weise stiegen die Exporte an, so daß der Ausgleich von Ausfuhr und Einfuhr wiederhergestellt wurde. *„Zwar hat es niemals eine internationale Goldwährungsordnung im rechtlichen Sinne gegeben, aber die Spielregeln der Goldwährung waren international, und die Goldwährung hat zur Zeit ihrer Blüte so gewirkt, als sei sie eine einheitliche Weltwährung gewesen."* (Predöhl, S. 53)

Das war „zur Zeit der Blüte"; was geschah jedoch in der Krise, die in den 20er und 30er Jahren dieses Jahrhunderts als Folge des ersten Weltkrieges in Europa entstand?

b. Krise der Zwischenkriegszeit

Da die Goldwährungsordnung nur als freiwillig zu befolgender Satz von Spielregeln existierte, bestand die Gefahr, daß die Regierungen dann zu Regelverletzungen übergingen, wenn ihnen ihre inneren wirtschaftlichen Probleme über den Kopf wuchsen. Da es keine verbindlichen Vertragsbestimmungen gab, die wie im Fall von Verletzungen des späteren EWG-Vertrages eingeklagt werden konnten, wollte jedes Land seiner Wirtschaft auf Kosten der anderen helfen, „was etwa den selben Effekt hatte wie der Versuch, durch Aufstehen im Kino besser sehen zu wollen, wenn alle dies versuchen." (Czada 1988, S. 53) Zum Schluß schadeten sich alle Länder gegenseitig.

Ein Beispiel dafür war der *Abwertungswettlauf*, der 1931 mit der Abwertung des englischen Pfundes begann: England versuchte mit dieser Abwertung nicht nur, den massiven Umtausch von Pfunden in Gold und damit den bedrohlichen Rückgang seiner Goldbestände zu stoppen, sondern auch die eigenen Exportprodukte auf den internationalen Märkten zu verbilligen. Damit sollten die Exporte angekurbelt, die Defizite im Außenhandel ausgeglichen und die hohe Arbeitslosigkeit verringert werden. Gleichzeitig wurden durch die Pfund-Abwertung die Importwaren teurer, so daß die Importe zurückgingen, was die Beschäftigung im Inland weiter unterstützte.

Diese Maßnahmen mußten die Außenhandelspartner Englands als eine Bedrohung ihrer Handelsströme ansehen, so daß auch sie zum Mittel der Abwertung griffen, wobei die USA als stärkste Wirtschaftsmacht 1934 als letzter Staat in dieser Runde den US-

Dollar abwertete, „obwohl der Dollar keinerlei Druck ausgesetzt (war). Die autonome Abwertung des Dollars geschah ausschließlich ... aus konjunkturellen Gründen.“ (Predöhl, S. 58) Mit anderen Worten, die USA schufen sich durch die Abwertung Chancen für mehr Wachstum und Beschäftigung im Inland, indem sie ihre Exportindustrie mit abwertungsbedingten Preissenkungen unterstützten und die Importe aus Europa entsprechend verteuerten.

Geholfen hatte dieser Abwertungswettlauf letztlich keinem Land. Im Gegenteil, er verursachte mit wechselseitigen Zollerhöhungen als Abwehrmaßnahmen zusätzliche Beeinträchtigungen des Außenhandels und damit den Abbau der wohlstandsfördernden Wirkungen der internationalen Arbeitsteilung.

Ein anderes Beispiel war die fehlende Ordnung im internationalen Kapitalverkehr, also bei den Kreditvergaben zwischen Banken und Unternehmen in verschiedenen Ländern. Nach allgemeinem Verständnis der „Spielregeln“ sollten die Exportüberschußländer den Defizitstaaten Kredite gewähren, damit diese eine Chance erhielt, ihre Importe zu finanzieren, ohne im Inland eine harte Sparpolitik betreiben zu müssen. Letztere führte mit dem Druck auf Preise und Löhne und harten Sparauflagen der öffentlichen Hand vielfach zum Rückgang von Beschäftigung.

c. Bankenkonkurse

Als zu Beginn der 30er Jahre insbesondere die amerikanischen Auslandskredite aus Deutschland unter anderem deshalb abgezogen wurden, weil die Kreditgeber diese Mittel im eigenen Land benötigten, stürzten sie Deutschland in erhebliche Zahlungsschwierigkeiten: Die deutschen Banken hatten diese Mittel langfristig verliehen, obwohl sie ihrerseits die amerikanischen Kredite nur kurzfristig erhalten hatten. Die Zahlungsfähigkeit selbst von Großbanken war daher ernsthaft gefährdet, so daß diese zu Notmaßnahmen greifen mußten: „Aber nicht nur die Guthaben der Sparer waren gesperrt; es gab auch keine Investitionstätigkeit mehr, Landwirtschaft und Industrie lebten nur noch vom Bestand, Produktion und Umsatz gingen weiter zurück, die industrielle Kapazität war im Durchschnitt nur noch zu 40 % ausgelastet. Mitten im Sommer (1931) stieg die Arbeitslosenquote an und kletterte über die Vier-Millionen-Grenze.“ (Schulze, S. 355) Dadurch mußten zahlreiche Unternehmen, die ihre Forderungen nicht mehr eintreiben konnten, ihrerseits wegen Zahlungsunfähigkeit Konkurs anmelden, was die Arbeitslosigkeit zusätzlich erhöhte. *„Da die Krise weltweit auftrat, konnte im Export kein Ausgleich für die rückläufige inländische Nachfrage gefunden werden."* (Henning, S. 103)

Die Reichsbank als Notenbank konnte den Geschäftsbanken in ihrer Krise nur unzureichend helfen, weil sie selbst nicht über ausreichende Währungsreserven in Form von Gold und ausländischen Zahlungsmitteln (*„Devisen"*) verfügte; die Bitten um Kredithilfen in den wichtigen Hauptstädten blieben 1931 ohne Erfolg. „Hätte der damalige Reichsbankpräsident Luther Erfolg gehabt, als er händeringend in England, Frankreich und den USA um Notenbankkredite nachsuchte, wäre manches vielleicht anders gekommen." (Czada 1988, S. 54) Damit sind nicht nur wirtschaftliche, sondern auch politische Konsequenzen gemeint; die damalige Weltwirtschaftskrise hatte eine massive politische Polarisierung zumal in Deutschland zur Folge; die Wahlerfolge der republik- und demokratiefeindlichen Parteien NSDAP und KPD sind ohne die damalige wirtschaftliche Not nicht vollständig zu erklären.

Die Folgen gerade dieser Isolierung gegeneinander, der Weigerung und der Unfähigkeit zu helfen und der dadurch erst bewirkten internationalen Verschärfung der Krisen, führten zu den später darzustellenden Kredithilfen, die sowohl der IWF als auch das EWS mit dem *Europäischen Fonds für währungspolitische Zusammenarbeit* (EFWZ) im Gesamtumfang von mehr als Hundert Milliarden Dollar eingerichtet hatten. Der Begriffs „Fonds" weist ja ausdrücklich auf ein Geschäftskapital hin, das mit dem Zweck der wechselseitigen Hilfe angesammelt wurde.

Zusammenfassend kann man feststellen, daß eine „Weltzentralbank" gefehlt hatte, die *„eine übernationale Versorgung mit internationalem Geld und Kredit hätte gewährleisten können, um die Deflation und um die Desintegration des Welthandels zu stoppen."* (Czada 1988, S. 56) Die einzelnen Länder waren jeweils nicht in der Lage, diese internationalen Aufgaben zu erfüllen, und sie wollten das womöglich auch nicht, weil sie im Zweifel der Lösung ihrer eigenen nationalen Probleme Vorrang gaben.

d. Lernen aus der Geschichte?

Es mag hoffungsfroh stimmen, daß Staaten in der Lage sein können, aus Fehlern und Krisen der Vergangenheit zu lernen. Die Versuche, eine besser funktionierende Währungsordnung nach der Katastrophe des zweiten Weltkrieges einzurichten, spricht weiterhin für die Erkenntnis, daß sich nationale Interessen nicht mehr gegen die Welthandelspartner durchsetzen lassen. Weder die gezielte Abwertung zur Exportförderung noch der einseitige Abzug von Kreditmitteln zur Sicherung der eigenen Bankenliquidität können erfolgreich sein. Entweder schädigt man sich selbst, wenn man die Partner in den Konkurs treibt und seine Ansprüche einbüßt, oder aber man fordert Vergeltungsmaßnahmen heraus, die gleichfalls einen Erfolg verhindern.

Daß mit der Einsicht über die Notwendigkeit gemeinsamen Vorgehens nicht alle Probleme vom Tisch sind, zeigen immer wieder aktuelle Beispiele. So berichtete die Süddeutsche Zeitung am 3. Mai 1994 mit der Überschrift *„Wenn der Wechselkurs zur Waffe wird"* darüber, daß „zwischen den Vereinigten Staaten und Japan ... nichts anderes als ein schlecht getarnter Handelskrieg" stattfindet. Die USA fördern die Abwertung des US-Dollars gegenüber dem japanischen Yen, um damit die Japaner zum Einlenken in dem wirtschaftspolitischen Bemühen zu zwingen, den chronischen Außenhandelsüberschuß Japans gegenüber den USA zu verringern. Durch die Dollarabwertungen sollten amerikanische Produkte in Japan so sehr verbilligt – andererseits japanische Produkte in den USA so sehr verteuert werden –, daß damit das handelspolitische Ziel auch gegen japanischen Widerstand erreicht werden konnte.

Dieses Beispiel zeigt nicht nur mögliche Kampfmaßnahmen bei nur wenig geregeltem weltwirtschaftlichen Miteinander – die USA und Japan befinden sich im Gegensatz zu den Staaten der EU gerade nicht in einem gemeinsamen Währungssystem mit Kursfestsetzungen und Beistandsverpflichtungen; sie bilden auch keinen gemeinsamen Binnenmarkt. Es zeigt andererseits auch die Verletzbarkeit von Staaten, die sich als Opfer von verzerrten Weltwirtschaftsbeziehungen (Überbewertung der eigenen Währung, Marktabschottung durch wichtige Handelspartner) begreifen. Die negativen Folgen, wie Handelsdefizite, Zusammenbruch heimischer Industrien durch aggressive Importkonkurrenz, Arbeitslosigkeit, kann keine an demokratischer Wiederwahl interessierte Regierung tatenlos hinnehmen. Insofern ist das nationale Hemd näher als der internationale Rock, was selbstverständlich auch für die Staaten der EU gilt.

2. Lernen aus der Geschichte. Die währungspolitische Zusammenarbeit der Europäer

2.1 Kooperation im Internationalen Währungsfonds (IWF)

a. Globale Abhängigkeiten

1944, also noch während des zweiten Weltkrieges, bereiteten die Kriegsgegner Deutschlands und Japans in der amerikanischen Kleinstadt *Bretton Woods* die Weltwährungsordnung der Nachkriegszeit vor. Der Gang dieser internationalen Verhandlungen, der Ausgleich der unterschiedlichen Positionen und die Inhalte des Vertragswerkes sind immer noch ein gutes Lehrbeispiel für wirtschafts- und währungspolitische Kooperation sowie die Grundlegung für das Verständnis des *Europäischen Währungssystems* (EWS) und die geplante *Europäische Währungsunion* (EWU).

Sichtbares Ergebnis der Beratungen war die Gründung des *Internationalen Währungsfonds*, IWF. Dieser nahm seine Arbeit 1947 auf; von den ursprünglich 45 Gründerstaaten (einschließlich der Sowjetunion, die sich allerdings angesichts des bald nach Kriegsende sichtbar werdenden „kalten Krieges" zwischen Ost und West von einer konkreten Mitarbeit zurückzog) erweiterte sich die IWF-Mitgliedschaft auf 178 Staaten. Mitte 1994 wurde Eritrea das 179. und vorläufig letzte Mitglied.

Die Verhandlungen in *Bretton Woods* wurden maßgeblich von den USA und Großbritannien getragen; die USA waren die mit Abstand reichste Wirtschaftsmacht geworden; als Kreditgeber finanzierten sie zu einem erheblichen Teil die Kriegsanstrengungen der Alliierten gegen Hitler-Deutschland und wurden so weltweit die größte Gläubigernation.

Dem gegenüber waren die westeuropäischen Staaten, hauptsächlich Großbritannien, erheblich gegenüber den USA verschuldet. Man kann daher die Sorgen verstehen, mit denen die Verhandlungspartner 1944 auf die Zeit nach dem erwarteten militärischen Sieg blickten: Würde sich eine Zeit des wirtschaftlichen Niedergangs in Europa anschließen? War zu erwarten, daß die Schuldenrückzahlungen den Europäern ähnlich schwer fielen wie Deutschland die Reparationen nach dem 1. Weltkrieg? Müßten die Staaten erneut mit Massenarbeitslosigkeit und einem wirtschaftlichen Kampf gegeneinander rechnen, wobei man aus der Erfahrung gelernt hatte, daß diese Auseinandersetzungen zu weiteren gegenseitigen Schäden führen würden?

Sorgen waren durchaus auch in den USA verbreitet; was nützte die Position der Stärke in einer Welt ökonomischen Niedergangs? Umgeben von einer Welt des Elends wäre die eigene wirtschaftliche Entwicklung gleichfalls negativ betroffen, wobei der Ausfall der Kreditrückzahlungen noch das kleinste Übel war. Die kriegsbedingt unter vollem Leistungsdruck stehende amerikanische Wirtschaft konnte damals noch nicht mit Sicherheit sagen, wie sich der Übergang zur Friedenswirtschaft gestaltete, wenn weltweit die Kunden amerikanischer Erzeugnisse wegen Zahlungsunfähigkeit ausfielen. Die Weltwirtschaftskrise der beginnenden 30er Jahre mit ihrer Massenarbeitslosigkeit war damals gerade ein gutes Jahrzehnt vorbei, also noch in vollem Bewußtsein der politischen Handlungsträger.

Es gab somit für Europa wie für die USA keine Alternative zu einer globalen Verständigung über eine künftige Zusammenarbeit. Die Erkennntis, daß Gläubiger und Schuldner – ob gewollt oder nicht – in einem Boote saßen und nur gemeinsam eine sichere Fahrt auf bewegtem Wasser zustandebringen konnten, war die Grundphilosophie der Verhandlungen.

b. Vertragliche Festsetzungen der Wechselkurse

„Der Geist der Beratungen" war eine Sache, wirtschaftlicher Sachverstand und Inhalt der Verträge eine andere. Es überrascht daher nicht, daß die konkrete Form der währungspolitischen Zusammenarbeit kontrovers diskutiert worden war; das wird sich später deutlich bei der „Schuldzuteilung" für entstehende Ungleichgewichte zeigen: Trifft das Defizitland die volle Verantwortung? Oder müssen auch die Überschußländer ihren Beitrag leisten, um wieder zu einer ausgeglichenen Lage zu kommen?

Einigkeit war schnell herzustellen, daß es keinen Weg zurück zum traditionellen Goldstandard gab. Die Währungen wurden zwar immer noch in Gold definiert, womit jedoch nur die Fiktion einer Golddeckung hergestellt werden konnte, weil sich die Weltgoldvorräte zu einseitig bei den USA angesammelt hatten.

Tatsächlich verständigte man sich angesichts der Praxis in der Zwischenkriegszeit schnell darauf, die jeweiligen nationalen Währungen auch durch umtauschbare und weltweit akzeptierte Devisen wertmäßig abzusichern; der *„Gold-Devisen-Standard“* war damit entstanden. Dieser war tatsächlich ein „Gold-Dollar-Standard“, weil der Dollar bis zum Anfang der 70er Jahre die einzige Währung war, die die nationalen Zentralbanken in den USA in Gold eintauschen konnten.

Zentrale Rolle des US-Dollars

Die Wechselkurse der IWF-Mitgliedsstaaten wurden deshalb neben der fiktiven Golddefinition insbesondere in ihrer Relation zum US-Dollar festgesetzt. Über diese festen Dollarkurse standen alle Währungen zueinander gleichfalls in einer festen Relation.

Ähnlich wie bei den späteren Beratungen über das EWS sahen die Staaten Abwertungswettläufe als eine große Gefahr an; über Abwertungen können einzelne Länder versuchen, ihre internationale Wettbewerbsfähigkeit verbessern. Dabei war klar, daß man mit der Kursänderung nur an einem Symptom kurierte; die eigentliche Ursache der chronischen Defizite im internationalen Leistungsaustausch waren die unproduktive Erzeugung von Gütern und Diensten, dadurch zu hohe Preise und unzureichende Qualitäten: „Nach allen historischen Erfahrungen schadet eine gezielte Abwertungsstrategie der Wettbewerbskraft einer Volkswirtschaft auf die Dauer weit mehr, als sie allenfalls sehr kurzfristig nützen könnte.“ (Deutsche Bundesbank, Monatsbericht Mai 1994, S. 60)

Die Tatsache, daß derartige Erfahrungen vorlagen, schloß nicht aus – weder international wie innereuropäisch –, daß einzelne Staaten in der Not zum erleichternden Kurieren am Symptom flüchteten und sich durch eine Abwertung Luft verschafften. Oder sie nahmen, wie die Wechselkurskrise des EWS im Herbst 1992 gezeigt hatte, nicht undankbar hin, wenn die Devisenmärkte für diese Abwertung sorgten. Damit war aber immer wieder die Gefahr verbunden, daß der Abwertungssatz höher angesetzt wurde, als von der reinen Wiederherstellung der preislichen Wettbewerbsfähigkeit auf den internationalen Märkten gefordert war. Erschwerend kam hinzu, daß es keine wirtschaftlich unstrittigen Berechnungen für derartige Abwertungssätze gibt. Diese sind zu einem wesentlichen Teil Ergebnis eines politischen Kalküls und stellen damit zugleich ein Element aggressiven Preiskampfes dar, der zu Vergeltungshandlungen herausfordert.

Der Entwurf der *neuen* Weltwährungsordnung als System fester Wechselkurse, das geringe tägliche Kursschwankungen im Umfang von einem Prozent nach oben und unten gestattete, ergab folglich einen nachvollziehbaren Sinn. Die Festkurse erinnerten zudem an die besseren Zeiten des vielfach als Sinnbild von Stabilität angesehenen Goldstandards, bei dem die Währungen wegen ihrer Goldgründung gleichfalls feste Paritäten hatten. Sie ließen sich weiterhin rechtfertigen mit Hinweis auf die Bedürfnisse der am Welthandel beteiligten Unternehmen, wonach derartige Wechselkurse die Kalkulation der Preise erleichterten und das Risiko von wechselkursbedingten Preisschwankungen verringerten. Diese Begründung wurde später auch für die Festsetzung der Wechselkurse der Partner des EWS vorgetragen.

Wirtschaftlich betrachtet sind jedoch Kursfestsetzungen grundsätzlich Verstöße gegen die marktwirtschaftliche Preisbildung. Wechselkurse sind wie Löhne, Zinsen, Mieten und Preise das Ergebnis von Angebot und Nachfrage auf einer besonderen Art von Märkten, und zwar *„Devisen“*-Märkten. Diese Märkte und die Preisbildung auf ihnen sollte es natürlich auch weiterhin geben, um die Zahlungsströme zur Finanzierung des in der Nachkriegszeit hoffentlich stark wachsenden Welthandels zu steuern. Es bedurfte daher ausführlicher Regelungswerke, um mit den Marktungleichgewichten umgehen zu können, die als Folge ungleichen Angebots bzw. Nachfrage nach Devisen auftreten könnten.

Wechselkursbestimmung nach der Kaufkraft

Probleme entstanden und entstehen bei jedem Festkurssystem bei der erstmaligen Festlegung der Kurse, die zwischen den Ländern gelten sollen. Obwohl die Wirtschaftstheorie Angebote unterbreitet, wie man derartige Kurse ermitteln könnte, bleiben diese dennoch bei der Anwendung im Einzelfall angesichts unzureichender Datenbestände kontrovers.

Als Beispiel sei auf die sog. *Kaufkraftparitätentheorie* verwiesen; diese bezeichnet denjenigen Wechselkurs als Gleichgewichtskurs, bei dem ein bestimmter Warenkorb im Inland wie im Ausland dasselbe kostet. Diese Bedingung ist gegeben, wenn alle Waren und Dienste des Korbes in Deutschland z.B. 100 DM, in Frankreich dagegen 300 Francs kosten und ein Wechselkurs zwischen DM und Francs von 1 zu 3 besteht.

Außenwert der D-Mark 1) und Kaufkraftparitäten 2)

Nominaler Außenwert: ———— ; Kaufkraftparität: ·········· ; realer Außenwert: – – – – –

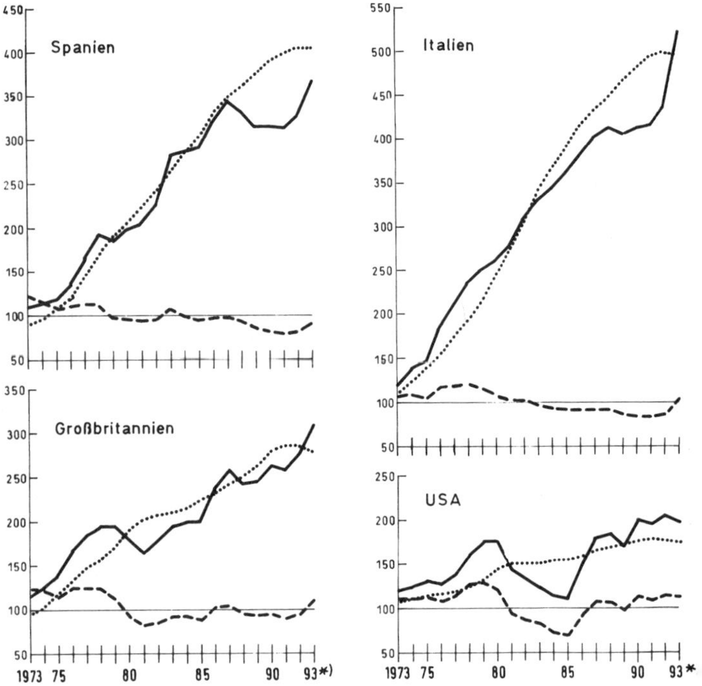

1) *Zur Berechnungsmethode siehe den Sonderaufsatz der Deutschen Bundesbank: Aktualisierung der Außenwertberechnungen für die D-Mark und fremde Währungen. In: Monatsbericht April 1989. Realer Außenwert: Nominaler Außenwert (Ende 1972 = 100) durch Kaufkraftparität (vgl. Anm. 2).* — 2) *Indexreihe der ausländischen Konsumentenpreise dividiert durch Indexreihe der westdeutschen Konsumentenpreise; die so ermittelte Reihe wurde multiplikativ derart an die Reihe „nominaler Außenwert" angepaßt, daß die Summe der quadratischen Abweichungen ein Minimum ergab. Stützbereich für die Schätzung des Anpassungsfaktors: 1973 bis 1986.* — 3) *Belgien/Luxemburg, Dänemark, Frankreich, Irland, Italien, Niederlande.* — 4) *Belgien, Dänemark, Frankreich, Niederlande.* — *) *Erstes Halbjahr.*

DIW 9

Bei der Bestimmung des Außenwertes einer Währung ist somit zwischen dem „nominalen Außenwert" und dem „realen Außenwert" deutlich zu unterscheiden. Der *nominale* Wert ergibt sich aus den täglichen Kursbildungen auf den Devisenmärkten. Der *reale* Wert wird ermittelt, indem man die Wechselkursveränderung an der Kaufkraftparität mißt. Nominale Aufwertungen stellen dann keinen Anstieg des realen Außenwerts der heimischen Währung dar, wenn die höhere Geldentwertung des ausländischen Geldes gerade durch die Aufwertung des eigenen Geldes ausgeglichen wird. Vereinfacht gesagt: Ein Urlauber erhielt beim Umtausch zwar 10% mehr Lire für die DM, mußte aber für die Pizza in Italien 10% mehr bezahlen als vorher. Seine reale Lage hätte sich dann in Italien nicht verbessert.

Die Untersuchung des Deutschen Instituts für Wirtschaftsforschung zeigt, daß sich der reale Geldwert der DM kaum verändert hatte. Die nominalen Aufwertungen der letzten beiden Jahrzehnte waren allerdings ausreichend, den Außenwert der DM real zu halten.

Die Schwierigkeiten bei der Ermittlung der Kaufkraftparitäten sind erheblich. Welche Waren soll man in einen derartigen Warenkorb nehmen, damit dieser gleichermaßen repräsentativ für das In- wie Ausland ist? Sind es die Warenpreise, die die Kurse beeinflussen, oder die Kapitalströme, die konjunkturelle Lage, die allgemeine Innovationsfähigkeit einer Volkswirtschaft bzw. die innere politische Lage? Es überrascht daher nicht, daß die Wechselkursfestsetzung auch das Ergebnis politischer Interessen ist; die Höhe des Kurses entscheidet mit über die künftige wirtschaftliche Lage des jeweiligen Verhandlungspartners.

Die Deutsche Bundesbank untersucht regelmäßig die Beziehungen, die zwischen den Kursen der DM (ihrem „Außenwert") und der Preisentwicklung bestehen. Dabei wählt die Bundesbank das „Preisgefälle" als Maßstab; sie prüft also die Entwicklung der Preise im Ausland und setzt diese in Beziehung zum Preisanstieg in Deutschland. Das Preisgefälle steigt, wenn das Auslandspreisniveau stärker ansteigt als das inländische.

Über einen längeren Zeitraum korrelierten der nominale Außenwert und das Preisgefälle im Durchschnitt sehr eng. Die durchschnittliche Aufwertung gegenüber den wichtigsten Partnerwährungen erfolgte in dem Umfang, wie die Preise im Ausland stärker gestiegen waren. Damit hatte sich die reale Kaufkraft der Mark gehalten, weil die höheren Preissteigerungsraten im Ausland für

D-Markinhaber durch entsprechende DM-Aufwertungen ausgeglichen wurden.

Außenwert der D-Mark und Preisgefälle

vierteljährlich

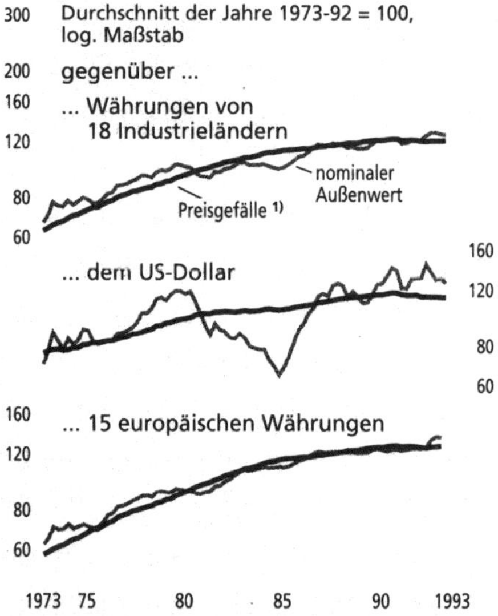

1 Auf Basis der Preise des Gesamtabsatzes. Ein ansteigendes Preisgefälle bedeutet, daß die Preise im Ausland schneller als im Inland steigen.

Deutsche Bundesbank

Wie man der Grafik der Bundesbank über die Außenwertentwicklung der DM gegenüber dem US-$ entnehmen kann, gab es gegenüber dieser immer noch mit Abstand wichtigsten Weltwährung erhebliche Abweichungen von Kurswert und Kaufkraft in einer Reihe von Jahren. Auch wenn im Verlauf von zwei Jahrzehnten die Summe der Abweichungen gegen Null geht, erstaunen doch diejenigen Phasen, in denen für einen Dollar erheblich mehr (weniger) gezahlt wurde als seiner Kaufkraft entsprach. Diese großen Abweichungen unterstreichen jedoch die Bedeutung der Zinssätze für die Kursentwicklung. Gerade weil US-$ und D-Mark wichtige Reserve- und Anlagewährungen sind, werden sie aus diesen Gründen gehandelt, und nicht deshalb, weil man im jeweiligen Land Käufe tätigen will. Die erhebliche Schwankungen, die bei den Dollar-DM-Kursen seit Beginn der 90er Jahre zu beobachten waren, entstanden fast ausschließlich als Folge von veränderten Zukunftserwartungen, Zinsdifferenzen und Kapitalverkehrserfordernissen. Die Entwicklung der Kaufkraft dagegen war sehr viel gleichmäßiger als es die hier abgebildete Fieberkurve vermuten läßt.

Die Folgen einer „falschen“ Festkurssetzung konnten daher für den Welthandel wie für den Weltkapitalverkehr erheblich sein. Wurde der Wechselkurs zu hoch angesetzt (wie z.B. der Kurs des britischen Pfundes in der Nachkriegszeit), so hatte dieses Land erhebliche Exportprobleme und ständigen Devisenabfluß zu vergegenwärtigen; war er zu niedrig angesetzt (wie z.B. der Kurs der DM in den 50er und 60er Jahren), so entstanden chronische Exportüberschüsse und Kapitalzuwanderungen, die ihrerseits zu *„importierter Inflation“* führten.

Die Herkulesaufgabe der IWF-Partner, ein Festkurssystem weltweit einzurichten und funktionsfähig zu halten, wird an den Schwierigkeiten deutlich, die kleinere Währungsgemeinschaften gleichartiger Partner mit festen Kursen kaum lösen könnten. So klagte der Präsident der Deutschen Bundesbank, Tietmeyer, daß Ende der 80er Jahre die festen Wechselkurse im EWS „wegen der Unterbewertung der D-Mark zu einer *Illusion internationaler Konkurrenzfähigkeit* geführt und dringende Anpassungen verzögert hätten.“ (Handelsblatt, 9.11.1993) Die Exportpreise der deutschen Volkswirtschaft waren durch niedrige Wechselkurse „subventioniert“ worden, die Verkaufserfolge beruhten somit teilweise nicht auf überlegener Leistung. Als die Kurse dann in der EWS-Krise vom Herbst 1992 und Spätsommer 1993 plötzlich korrigiert wurden, brachen die Exporte mit der DM-Aufwertung folgerichtig spürbar ein.

Bedarf an Kurskorrekturen

Aus diesen Beispielen wird deutlich, daß funktionsfähige Festkurssysteme auch die Möglichkeit einer *Korrektur der Wechselkurse* vorsehen mußten; nach jahrelanger Anwendung könnten sich die Volkswirtschaften in verschiedene Richtungen entwikkeln, was sich auch in den Kursen niederschlagen müßte. Länder mit Produktivitätsgewinnen müßten aufwerten, die mit schleppender Entwicklung entsprechend abwerten. Der Vertrag von *Bretton Woods* sah derartige Änderungen vor; sie sollten allerdings geordnet und einvernehmlich ablaufen, damit kein Abwertungswettlauf durch derartige, womöglich falsch verstandene, Kurskorrekturen in Gang gesetzt wird. Konkret überließ man Wechselkursanpassungen bis zu zehn Prozent den Mitgliedsstaaten selbst. Weitergehende Veränderungen mußten mit dem IWF ausgehandelt werden. Kriterium war in allen Fällen, daß es sich um ein grundlegendes Anpassungsproblem handelte. Eine z.B. zwanzigprozentige Abwertung war nur dann zulässig, wenn die betreffende Volkswirtschaft auf Dauer hinter der Produktivitätsentwicklung ihrer Handelspartner zurückgefallen war und deshalb ein *„fundamentales Ungleichgewicht"* entstanden war.

c. Die wechselseitigen Hilfen

Es war unbestritten, daß man die Erfahrungen der Zwischenkriegszeit nicht wiederholen durfte, einem Land Beistandshilfen zu versagen, es zahlungsunfähig werden zu lassen und damit selbst an den Rand des Bankrotts zu gelangen. Die Hauptanpassungslast mußte jedes Land schon selbst tragen; dabei sollte es allerdings nicht mehr allein gelassen werden. Die vom IWF vereinbarten Hilfemaßnahmen waren später auch das Vorbild für vergleichbare Aktionen im Rahmen des EWS.

Zu diesem Zweck wurde eine Art von Unterstützungskasse, eben der *„internationale Währungsfonds"*, gebildet. Dieser sollte nach dem Muster einer Versicherung funktionieren: Die Länder zahlten ihren Anteil *(„Quote")* nach Maßgabe ihrer Wirtschaftsstärke und ihrer Beteiligung am Welthandel in Form von Gold (bzw. US-Dollars) und eigener Währung ein; damit erhielten sie einen Anspruch auf Hilfe bei Zahlungsproblemen. Dieses Hilfeversprechen des IWF war an die Höhe der Quote gebunden. Wer mehr eingezahlt hatte, erhielt eine entsprechend größere Unterstützung, meist in Form von Dollarkrediten.

Diese Quote war zudem der Maßstab für die politische Mitbestimmung. Wie bei einer Aktiengesellschaft verteilten sich die Stimmrechte auf die gezeichneten Anteile.

Anpassungsvorgänge

Sehr kontrovers war die Auseinandersetzung um die Verteilung der Anpassungslasten bei Ungleichgewichten. Betrachten wir ein Land, das seine Wettbewerbsfähigkeit eingebüßt hat, immer mehr importiert und immer weniger exportieren kann. Dieses Land wird erleben, daß die Nachfrage nach seiner Währung abnimmt, es selbst andererseits immer mehr US-Dollars nachfragt, um seine Importrechnungen zu bezahlen. Die Wirkung: Ständige Ausweitung der Nachfrage nach Dollars (N/$) auf den Devisenmärkten mit einem starken Druck auf Abwertung der eigenen Währung.

Modelldarstellung eines Devisenmarktes

1.a. Devisenmarktgleichgewicht 1.b. Devisenmarkt mit zunehmender Devisennachfrage

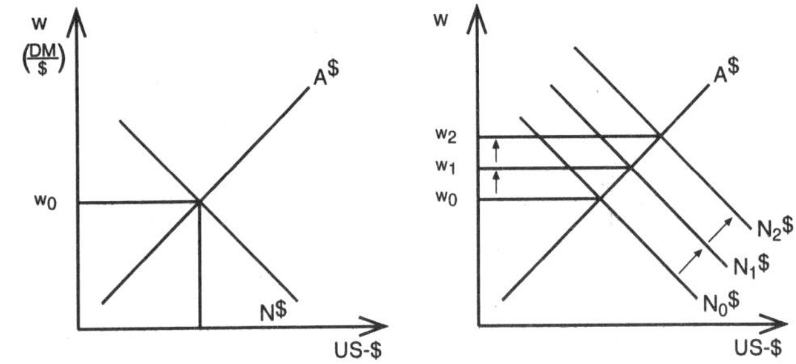

Der „Preis" für eine Deviseneinheit in dieser Darstellung ist der *Wechselkurs*; er wird in Einheiten einheimischer Währung (z.B. x D-Mark) je Einheit der ausländischen Währung (z.B. 1 US-$) gemessen. Steigt der Wechselkurs beispielsweise von DM 1,64 je US-$ auf DM 1,70/$, so spricht man von einer *Aufwertung* des Dollars (bzw. *Abwertung* der DM).

Kurzfristig kann das im obigen Modell angenommene Land nach Maßgabe seiner Quote Unterstützungskredite vom IWF erhalten, um den Kurs seiner Währung innerhalb der vereinbarten Schwankungsbreite von plus/minus einem Prozent um den festen Wechselkurs zu halten. Beim damaligen Wechselkurs vom DM 4,- je Dollar lag die Bandbreite erlaubter Devisenmarktschwankungen zwischen DM 3,96 und DM 4,04 je $ (die allerdings weiter verengt worden war, um noch exakter dem Festkurs von 4:1 zu entsprechen). Wenn die Wettbewerbsfähigkeit jedoch nicht zurückgewonnen werden kann, das Ungleichgewicht seines Güteraustauschs mit dem Ausland („Leistungsbilanz") fundamental andauert, so wird sich eine entsprechende Abwertung nicht vermeiden lassen. Beide Fälle lassen sich grafisch darstellen; Abbildung 2 a) zeigt die Ausweitung des Dollarangebots aufgrund des IWF-Kredits, wodurch der Devisenkurs *w* wieder in die Bandbreite zugelassener Schwankungen um den Festkurs gebracht wurde; Abbildung 2 b) demonstriert die Notwendigkeit, einen neuen Wechselkurs anzunehmen, der einer Aufwertung des Dollars entspricht. Das ist umgekehrt einer Abwertung der nationalen Währung des Schuldnerlandes gleichzusetzen.

Devisenmarktinterventionen und Kursanpassungen

2.a. Marktintervention mit der Hilfe eines IWF Kredits

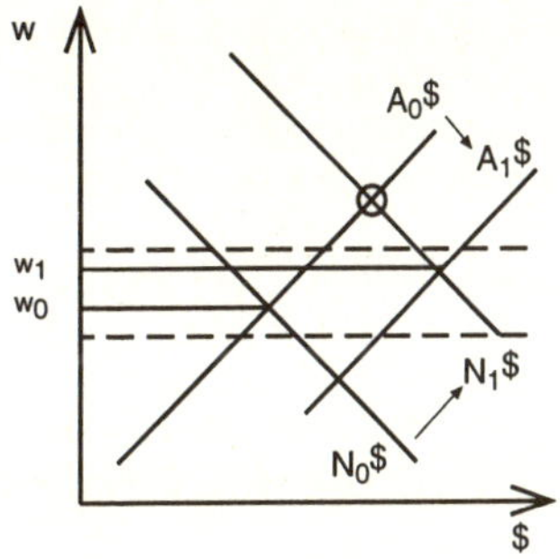

2.b. Abwertung

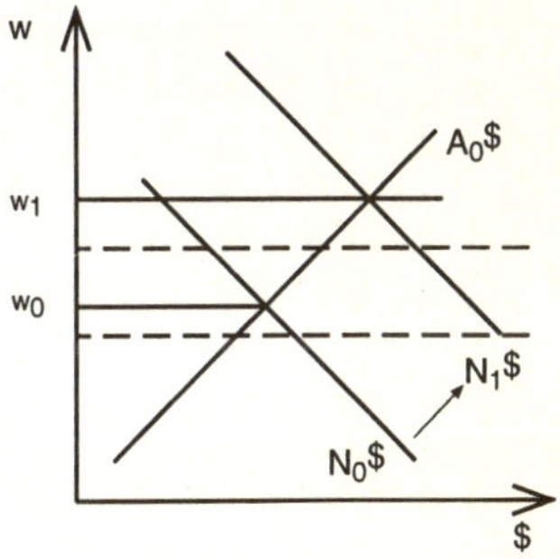

Die Zwänge, die ein Schuldnerland hat, sind für dieses Land unabweisbar; wenn keine Kredite und keine eigenen Devisenreserven mehr zur Verfügung stehen, muß abgewertet werden.

Wie sieht es mit den Überschußländern aus? Auch diese verursachen Ungleichgewichte, die sich allerdings als ständiger Devisenzustrom darstellen, weil das Überschußland chronisch mehr exportiert als importiert. Auf den Devisenmärkten wird die Währung dieses Landes verstärkt nachgefragt; mit zunehmender Knappheit würde sein Wechselkurs über die vereinbarte Grenze hinaus ansteigen. Da dies vertraglich nicht zulässig war, mußte die Notenbank des Überschußlandes ihre eigene Währung auf den Devisenmärkten anbieten, um sie gegen Dollars und andere Währungen zu verkaufen. Damit verblieb der Wechselkurs zwar im Schwankungsbereich; das Land sammelte jedoch immer höhere Devisenreserven an (die andererseits wachsender Verschuldung seiner Handelspartner entsprachen.)

Asymmetrische Anpassungszwänge

Es entspricht allgemeiner Lebenserfahrung, daß man Vermögenszuwächse im Gegensatz zu wachsender Verschuldung sehr lange aushalten kann; ein Anpassungsdruck (Aufwertung der Währung des Überschußlandes) entsteht jedenfalls mit vergleichbarer Intensität auf keinen Fall. Negative Auswirkungen für den Gläubiger sind dennoch wahrscheinlich: zum einen erhöhen die Devisenzuwächse die inländische Geldmenge, weil die erfolgreichen Exporteure ihre weltweit verdienten Dollars in heimisches Geld umtauschen und im Inland auch verwenden. Mit steigender Geldmenge erhöht sich grundsätzlich der Inflationsdruck („*importierte Inflation*“).

Zum anderen muß er damit rechnen, daß die anderen Länder mit wachsender Verschuldung als Käufer seiner Exporterzeugnisse ausfallen, weil sie über keine Devisen mehr verfügen. Einbrüche in der Exportwirtschaft werden entsprechend negative Arbeitsmarktwirkungen im Inland zeigen.

Es ist kennzeichnend für die unterschiedlichen politischen Interessenlagen bei der Gestaltung internationaler währungspolitischer Kooperation, ob der Verhandlungspartner aus der Position eines chronischen Defizit- oder Überschußlandes heraus argumentiert. Bei den IWF-Vertragsverhandlungen bildete sich ein deutlicher Gegensatz zwischen den USA als unangefochtenem Weltgläubiger und Großbritannien als einem hochverschuldeten Land heraus:

Die von J.M. Keynes geführte britische Delegation hatte dafür plädiert, *zusätzliches, neues internationales Geld* zu schaffen, um trotz Verschuldung dringende Investitionsgüterkäufe zur Entwicklung seiner Wirtschaft tätigen zu können. Weiterhin sollten die *Gläubigerstaaten zu Anpassungsanstrengungen* aufgefordert werden; von ihnen sei zu verlangen, die Importe auszuweiten und ihre Währungen aufzuwerten, damit ein Ausgleich der Leistungsbilanzen erfolgt. Die Parallelität der Anforderungen aus dem Jahre 1944 zur Politik der USA gegenüber Japan 1994 ist durchaus verblüffend: Die Forderung an Japan angesichts seiner chronischen Überschüsse im Handel mit den USA lautete, seinen Binnenmarkt zu öffnen, um mehr Produkte aus den USA zu importieren; weiterhin betrieben die USA eine Politik der Yen-Aufwertung (bzw. Dollarabwertung), um die japanischen Exporte zu verteuern.

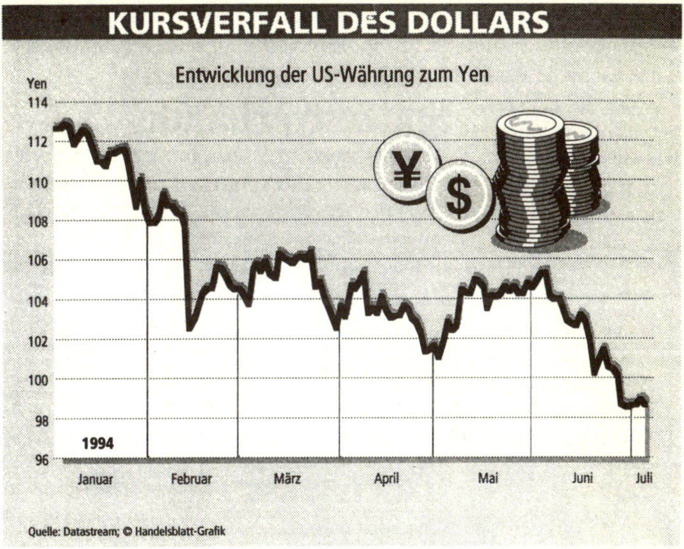

Die Interessen der USA als der Gläubigernation des Jahres 1944 waren grundverschieden; die Anpassung müßte von den Schuldnerländern erbracht werden, weil diese für ihre Defizite verantwortlich seien: Sie hätten Preis- und Kostendisziplin zu üben; sie müßten sich bei ihren übergroßen Weltmarkteinkäufen einschränken. Daher sollte kein neues Weltgeld geschaffen werden, weil damit die Schuldner nur ihre Käufe bei den USA bezahlten, so daß sich alle Weltgeldbestände bei den USA ansammeln würden. Einmal hätten diese dafür keine sinnvolle Verwendung; zum anderen wären die Ursachen der Ungleichgewichte damit nicht beseitigt. Druck auf die Gläubigerstaaten sollte auch deshalb nicht ausgeübt werden, weil diese ja erkennbar gut und erfolgreich gewirtschaftet hatten. M.a.W., ein Zwang, die Währungen der Gläubigerstaaten aufzuwerten und die Importe aus Schuldnerländern zu verstärken, könne nicht akzeptiert werden.

Angesichts der damaligen Machtverteilung überraschte nicht, daß sich das IWF-Konzept sehr stark den amerikanischen Vorstellungen annäherte: Die Anpassungslasten verblieben fast ausschließlich bei den Schuldnern; diese mußten ihre Wirtschaftspolitik den Anforderungen der internationalen Handels- und Kapitalströme unterwerfen. Von ihnen wurde auch verlangt, ihre Währungen abzuwerten, wenn der Zahlungsbilanzausgleich auf andere Weise nicht wieder zurückgewonnen werden konnte.

Die Konstruktionsfehler der währungspolitischen Zusammenarbeit lagen somit darin, sich ausschließlich auf eine nationale Währung, den US-Dollar, als Weltgeld zu verlassen, und die Gläubigerländer nicht ausreichend mitverantwortlich zu machen *(„asymmetrische Verteilung der Anpassungslasten“)*, Zahlungsbilanzungleichgewichte zu vermeiden. Das sollte wesentlich zum Scheitern des IWF zu Beginn der 70er Jahre beitragen.

Die weltweiten Währungsturbulenzen in den 60er und 70er Jahren forderten die Mitgliedsstaaten der damaligen *Europäischen Wirtschaftsgemeinschaft* (EWG) heraus, wenigstens für sich selbst eine währungspolitische Kooperation zu entwickeln. Diese konnte sich damit begnügen, Krisen zu beherrschen und zu vermeiden. Sie konnte aber auch die Zusammenarbeit vertiefen und zum Einstieg in ein gemeinsames Währungsgebiet mit einheitlichem Geld werden.

2.2 Die Wechselkurspolitik des IWF scheitert. Die Europäer gehen eigene Wege.

a. Das Festkurssystem des IWF zerbricht. Flexible Wechselkurse

Auch wenn die Überschrift das Ergebnis der Wechselkurspolitik des IWF vorwegnimmt, ist dem internationalen Währungsverbund anerkennend zu bescheinigen, daß er eines seines wichtigsten Ziele mit beachtlichem Erfolg erreichen konnte: Die *Ausweitung des internationalen Handels*, für den der IWF die sichere Grundlage des Zahlungsverkehrs abgeben wollte.

Dasselbe will auch die Europäische Union: Die Intensivierung des Leistungsaustauschs zwischen den Mitgliedsländern. Dafür soll die bestmögliche Geldordnung geschaffen werden, für die es – abgesehen von der Flexibilität der Kurse nach dem Muster der täglichen Kursfestlegungen im Verhältnis von US-Dollar und D-Mark – im Grundsatz zwei Möglichkeiten gibt:

– die Mitgliedsstaaten der EU errichten ein *Währungssystem* nach dem Vorbild des IWF: Die nationalen Währungen bestehen weiter fort, wobei diese jedoch zueinander in feste Austauschrelationen (Festkurse mit zulässigen Bandbreiten) gesetzt werden (wie es das geltende EWS vorsieht); oder

– die Mitgliedsstaaten schaffen eine *Währungsunion*, d.h. sie geben ihre einzelstaatlichen Zahlungsmittel auf und schaffen ein gemeinsames Geld (wie es der Vertrag von Maastricht für 1997 bzw. 1999 festlegt).

Die Erfahrungen des IWF bei der Kursstabilisierung und der wechselseitigen Hilfe bei der Überwindung von Zahlungsbilanzproblemen dienen als Grundlage für eine Einschätzung der Möglichkeiten des derzeit existierenden EWS, die Währungsbeziehungen zwischen den Staaten der EU auf Dauer zu regeln. Dabei werden systembedingte Widersprüche sichtbar, die sich als Sprengsatz für die währungspolitische Zusammenarbeit der Staaten herausstellten. Die Gründe für das Scheitern des Festkurssystems des IWF gelten somit auch für das EWS, das gleichfalls mit Widersprüchen leben muß, die zu seinem Zerfall beitragen können.

Systemwidersprüche

Der wichtigste Widerspruch liegt in der Tatsache, daß die Festkurssysteme im wesentlichen ein *nationales* Geld (im IWF den US-Dollar; im EWS vielfach die D-Mark) verwenden, um *internationale* Zahlungsvorgänge (Bezahlung von Importrechnungen, Kauf ausländischer Wertpapiere, Aufbau von Devisenreserven) vorzunehmen. Die Wahl des dafür eingesetzten nationalen Geldes erfolgte aus seiner besonderen internationalen Eignung: So könnte das Geld einer besonders großen und im Außenhandel erfolgreichen Volkswirtschaft für internationale Zwecke mitverwendet werden. Es ließ sich das Geld eines Landes wählen, das eine besonders hohe Reputation bei der Geldwertstabilität aufwies. Oder man entschied sich für die Währung, die wegen hoher Gold- und Devisenbestände der jeweiligen Notenbank als besonders sicher einzuschätzen war.

Für den US-Dollar galten diese Eigenschaften in den 40er Jahren gleichermaßen, so daß er zur zentralen Währung des IWF aufrückte. Die Staaten legten ihre Wechselkurse damals noch in Gold bzw. in Einheiten des „goldgleichen“ Dollars fest. Sie hielten ihre Währungsreserven in Gold und Dollars; der US-$ wurde zudem als Währung verwendet, auf den die Außenhandelsrechnungen lauteten. Internationale Kredite wurden in Dollars nachgefragt und angeboten. Reisende konnten ihre Rechnungen weltweit mit diesem Geld bezahlen.

Die auf Dauer systemzerstörenden Widersprüche entstanden beim grundlegenden Problem, wie die Nationen außerhalb der USA in den Besitz von Dollars für internationale Zahlungsvorgänge gelangen konnten? Für die Schaffung von international einsetzbarem Geld (oder „Liquidität") gab es im Grundsatz nur zwei Möglichkeiten:

- die USA stellten dem „Rest der Welt" nach Bedarf US-Dollars als Kredite zur Verfügung;
- die USA importierten Waren und Dienste weltweit und bezahlten diese mit Dollars. Das von den Lieferländern auf diese Weise „verdiente" Geld ließ sich für die internationalen Zahlungsvorgänge verwenden.

Beide Möglichkeiten sind historisch wahrgenommen worden. Für die unmittelbare Nachkriegszeit stand naheliegenderweise die Kreditgewährung (sogar die Schenkung) im Mittelpunkt. Die traditionellen Welthandelspartner waren durch die Kriegsfolgen geschwächt oder hatten Probleme bei der Umstellung von der Kriegs- auf die Friedenswirtschaft. Sie kamen als Lieferanten für die amerikanische Wirtschaft noch nicht in Frage und konnten somit die als Devisenreserven oder für internationale Käufe benötigten Dollars nicht selbst verdienen.

Spätestens seit den 60er Jahren hatte sich das Bild geändert. Die Wiederaufbauphase war beendet, die Europäer konnten wieder Produkte anbieten, die auch für die USA interessant waren. Geschützt durch die festen Wechselkurse zum Dollar gelang es einigen Ländern (insbesondere Westdeutschland und Japan), wachsende Überschüsse im Amerikahandel zu erzielen: Deutsche und japanische Produkte waren angesichts der herrschenden Wechselkurse besonders billig. Aufwertungen von D-Mark und Yen, mit denen die Kurse an die geänderte Leistungskraft hätten angepaßt werden müssen, fanden nur unzureichend statt. Zusätzlich importierten die USA in der Folge des sich zu der Zeit ausweitenden Vietnam-Krieges immer stärker Rohstoffe und Fertigprodukte und bewerkstelligten auf diese Weise die teilweise Umstellung ihrer Wirtschaft auf die Produktion von Kriegsgerät (Flugzeuge, Bomben, Munition, Transportmittel). Die Folge waren wachsende Fehlbeträge der USA im Außenhandel.

Grenzen der Liquiditätsschaffung

Beide Verfahren, internationale Liquidität zu schaffen, hatten somit ihre systematischen Begrenzungen:

- Die Bereitstellung von Dollars auf dem Kreditwege führte entweder zu wachsender Verschuldung der kreditnehmenden Länder, so daß diese an die Grenzen ihrer Kreditfähigkeit stießen. Damit ließ sich dann kein internationales Geld mehr auf diesem Wege schaffen. Oder aber sie zahlten diese Dollarkredite an die USA zurück, womit international verwendetes Geld an die nationale Ausgabestelle zurückfiel und den weltwirtschaftlichen Kreislauf verließ.
- Die Erwirtschaftung von Dollars durch Exportüberschüsse im Verhältnis zu den USA entwickelte sich zum komfortabelsten Weg, internationale Liquidität zu schaffen. Die exportierenden Staaten erhielten die Dollars für ihre internationalen Zahlungsverpflichtungen, die USA zahlten mit nationalem Geld, ohne unmittelbar Gegenleistungen erbringen zu müssen, da die Dollars weltweit, und nicht unbedingt für Käufe in den USA, verwendet wurden. Mit zunehmendem Wachstum der Außenhandelsdefizite der USA vermehrten sich die außerhalb der USA befindlichen Dollarbestände so erheblich *(„Dollarschwemme“)*, daß Zweifel an der Wertbeständigkeit dieses Geldes entstanden. Die Inflation in den USA nahm wegen der kriegsbedingten Mehrnachfrage zu; die Goldbestände der USA waren nicht mehr ausreichend, um alle von Ausländern gehaltenen Dollars nach Maßgabe des Goldumtauschversprechens auch tatsächlich in Gold einwechseln zu können.

Unabhängig von diesen Erwägungen wurden weitere Beschränkungen der internationalen Verwendungbarkeit des Dollars sichtbar. Diese lagen in der Geldpolitik des „Federal Reserve System“, der der Bundesbank vergleichbaren Notenbank der USA. Für die „Fed“, wie die Notenbank abgekürzt wurde, blieben die Dollars amerikanische Zahlungsmittel, die nach nationalen politischen Erfordernissen zu behandeln waren. Wenn somit die „Fed“ der Überzeugung war, daß die Inflationsrate in den USA zu hoch war, dann bremste sie die Geldversorgung der amerikanischen Wirtschaft durch Reduzierung der umlaufenden Geldmenge. Zusätzlich wurden die Zinsen, der sog. Diskontsatz, angehoben, zu denen die „Fed“ von den Banken Wechsel entgegennahm, um den Banken im Gegenzug Notenbankgeld („Liquidität“) zur Verfügung zu stellen. Diese Zinserhöhung verringerte die Nachfrage von Industrie und Handel nach Krediten, was zusätzlich inflationsdämpfende Wirkungen zeigte.

Angesichts der wirtschaftlichen Bedeutung weitete sich diese Zinserhöhung auf die Weltwirtschaft aus. Die nationale, also inneramerikanischen Zielen der Inflationsbekämpfung dienende Politik stand häufig im Konflikt mit den Interessen der Welthandelspartner. Diese hatten eher ein Interesse an niedrigeren Zinsen, um Investitionen zu verbilligen und damit Wachstum und Beschäftigung anzuregen. Und sie benötigten zudem angesichts wachsenden Welthandels zusätzliche Dollars als internationales Geld, was im Widerspruch zur kontraktiven Geldmengenpolitik der „Fed" stand.

Diese Probleme wurden historisch am Beispiel des IWF sichtbar. Sie betreffen jedoch grundsätzlich alle gleichartigen Festkurssysteme, also auch z.B. das Europäische Währungssystem, bei dem die D-Mark eine dem Dollar vergleichbare Rolle als „Ankerwährung" spielt. Die Bereitstellung internationaler Liquidität über das Medium eines nationalen Geldes findet seine immanenten Grenzen an der Kreditvergabe bzw. den Außenhandelsdefiziten des Landes mit der Ankerwährung. Die Bereitschaft anderer Staaten, dieses Geld als internationales Geld zu verwenden, gerät in Konflikt zu der weiterhin in erster Linie nationalen Bestimmung von Geldmenge und Zinshöhe.

Die Krise des IWF als eines Systems fester Wechselkurse (zu unterscheiden von dessen Aufgaben als internationale Instanz zur Vergabe von Krediten zwischen Notenbanken zur Förderung von Zahlungsbilanzgleichgewichten) hatte am 15.8.1971 ihren Höhepunkt gefunden, als der damalige US-Präsident Nixon die Goldeinlösungspflicht der amerikanischen Notenbank durch einseitige Erklärung aufhob und damit den vorher bereits schwer angeschlagenen „Gold-Dollar-Standard" des IWF auch formal beendete. In der Folge dieser Entscheidung erhöhte die amerikanische Regierung den offiziellen, die internationalen Wertrelationen bestimmenden Goldpreis in zwei Schritten Ende 1971 und Anfang 1973 von 35 US-$ je Feinunze auf 42,22 $. Damit wurde faktisch der amerikanische Dollar abgewertet. Nach vergeblichen Versuchen, zu festen Kursen innerhalb des IWF zurückzukehren, wobei die Mitgliedsstaaten und Zentralbanken versucht hatten, „realistischere" und marktgerechtere neue Kurse zu bestimmen, wurden ab 1973 die Wechselkurse auch offiziell freigeben. Es bestanden insbesondere als Folge der Schockwirkungen der damals von der OPEC durchgesetzten Ölpreissteigerungen keine Chancen mehr, weltweit dauerhafte Festkurse zu bestimmen und auf den Devisenmärkten durchzusetzen.

Währungsspekulationen

Dabei zeigte sich ein weiterer „Webfehler" von Währungssystemen, mit denen Staaten versuchen, ihre weiterhin existierenden nationalen Währungen in festen Wertrelationen zueinander zu halten. Das Versprechen der Notenbanken, die festen Wechselkurse durch entsprechende Verkäufe oder Einkäufe von Devisen auf den Devisenmärkten zu sichern, stellt eine beständige Herausforderung an Devisenhändler und Banken dar, diese Zusage profitabel zu testen.

Spekulative Währungsgewinne lassen sich nämlich ohne nennenswertes Risiko dadurch zu erzielen, daß man abwertungsbedrohte Währungen zum garantierten festen Wechselkurs verkauft. Nach erfolgter Abwertung lassen sich dann die vorher verkauften Währungen mit Gewinn zurückkaufen.

Ein Bespiel soll das belegen: Eine private Bank möge von der französischen Notenbank, der Banque de France, herausgegebene Geldmarktpapiere (verzinsliche Wertpapiere, die auf einen festen Betrag ausgestellt sind und eine Laufzeit von wenigen Wochen bzw. Monaten haben) im Wert von 100 Mill. französischer Francs (ffrs) besitzen. Der feste Dollarkurs betrage 10 ffrs pro US-$. Die Bank habe die Überzeugung gewonnen, daß sich dieser Kurs nicht mehr lange wird halten lassen; sie erwartet in Kürze eine etwa zehnprozentige Abwertung des Franc (11 ffrs pro US-$). Sie wird diese Papiere an die Banque de France zurückgegeben und den Gegenwert von 100 Mill. ffrs in amerikanischen Schatzwechseln (kurzfristige verzinsliche Geldmarktpapiere der amerikanischen Regierung) im Wert von 10 Mill. US-$ anlegen. Tritt nun die Abwertung wie erwartet ein, lassen sich die amerikanischen Geldmarktpapiere wieder in französischen Titeln anlegen, wobei nach der Abwertung des Franc bzw. der Aufwertung des US-$ ein Gesamtwert von 110 Mill. ffrs erscheint. Als Ergebnis dieser Operation wurde ein Vermögensgewinn von 10 Mill. ffrs erzielt.

Das bemerkenswerte an diesem Vorgang ist die *einseitige Verteilung der Risiken.* Der Spekulant hat hohe Gewinnchancen bei niedrigen Einbußen, wenn die Kursanpassung wider Erwarten ausbleibt. Ohne Abwertung des Franc (bzw. Aufwertung des Dollar) im obigen Beispiel behält er ja amerikanische Papiere gleichen Werts (wenn man einmal von den Kosten und Gebühren dieser Kaufvorgänge absieht). Es „lohnt" sich also, bei diesen spekulativen Käufen bzw. Verkäufen „mitzumischen". Da derartige Maßnahmen nicht nur von einer Institution vorgenommen werden, sondern von sehr vielen *(„Spekulationswelle"),* werden Währungen in derartig großem Umfang auf den Devisenmärkten angeboten (bei Abwertungsverdacht) bzw. nachgefragt (bei Aufwertungserwartungen), daß die Zentralbanken nicht mehr in der Lage sind, hier gegenzuhalten. Für die Notenbank der abwertungsbedrohten Währung bedeutete das, Francs im Wert von vielen Milliarden gegen Hingabe von Dollar aufzukaufen, um damit deren Marktwert zu sichern. Es versteht sich, daß unter diesen Bedingungen die gesamten Devisenreserven innerhalb weniger Tage aufgebraucht sind, wenn nicht alle anderen Zentralbanken mit vollen Einsatz gleichfalls unterstützend auf den Devisenmärkten intervenieren. Die Folge ist, daß das betreffende Land an der Abwertung nicht vorbeikommt. Je mehr Spekulanten sich an dieser Aktion beteiligen, desto wahrscheinlicher werden die sich dann *selbst rechtfertigenden Erwartungen*, daß als Folge der Währungsmanipulationen die Abwertung und die damit verbundenen Profite der Spekulanten unausweichlich werden.

Das IWF-Festkurssystem ist unter anderem an diesen Währungsgeschäften zerbrochen; auch das EWS hatte – vorauf später noch hinzuweisen ist – im Herbst 1992 derartige Angriffe auszuhalten. Wenn Schätzungen davon ausgehen, daß täglich Devisen im Wert von Hunderten von Milliarden US-Dollars an den Devisenmärkten umgesetzt werden, dann wird deutlich, daß sich keine Notenbank auf längere Zeit gegen eine massive Spekulationswelle wird wehren können. Zum Vergleich: Am 7.8.1994 betrugen die gesamten Währungsreserven der Deutschen Bundesbank 123,6 Mrd. DM, also etwa 80 Mrd. US-$.

Schaffung internationaler Liquidität durch ein „Kunstgeld" des IWF

Lehrreich ist das Beispiel des IWF für das Verständnis der währungspolitischen Zusammenarbeit in Europa noch aus einem weiteren Grund. Es geht um die Lösung des Reserveproblems, also den Konflikt zwischen den internationalen Anforderungen an Liquidität und der nationalen Bestimmung der Geldmenge auch bei der Währung, die im internationalen Verkehr für Transaktionen und als Devisenreserve eingesetzt wird.

1967, also wenige Jahre vor der systemsprengenden Krise des IWF als Festkurssystem, hatten die Mitgliedsstaaten vereinbart, eine Art von „Weltgeld" gemeinsam zu schaffen. Damit sollte die Liquiditätsversorgung in ersten Schritten von der praktisch ausschließlichen Bindung an den US-Dollar gelöst werden.

Diese Geldschöpfung erfolgte von der Konstruktion und der Bezeichnung her im Rahmen des bestehenden IWF-Vertrages. Dieser hatte damals – und unverändert noch heute – vorgesehen, daß sich die Mitgliedsstaaten gegenseitig bei Zahlungskrisen helfen sollten. Dieser Anlaß besteht insbesondere bei den osteuropäischen Reformstaaten und vielen Entwicklungsländern weiterhin, auch wenn die ursprüngliche Intention, mit diesen Hilfen die Verteidigung fester Wechselkurse zu ermöglichen, angesichts der Kursfreigabe keine zentrale Rolle mehr spielt. Gewährt werden diese Liquiditätshilfen nach Maßgabe des als „Quote" bezeichneten Beitrags, den jedes Mitgliedsland zur Finanzierung des IWF als eines „Fonds" geleistet hat. Die Mitglieder haben das Recht, im Rahmen ihrer Quote Leistungen des IWF zu erhalten; sie besitzen sog. Ziehungsrechte. Über die eingezahlte Quote hinaus erwarben sie den Rechtsanspruch auf weitere Kredithilfen, wobei der IWF mit zunehmender Beanspruchung des Kreditrahmens stabilitätspolitische Maßnahmen des Kreditnehmers einforderte. Das unterschied sich wenig von der Verfügung einer Privatperson über ein normales Gehaltskonto: Diese besitzt ein Ziehungsrecht (z.B. als Barabhebung oder Überweisung) über das eingezahlte Guthaben und darüberhinaus eine Kreditlinie, die man als Überziehungs- oder Dispositionskredit bezeichnen kann. Je stärker diese in Anspruch genommen wird, desto eher wird die Bank mit dem Kunden sprechen, wie er auf Dauer wieder zu einem Ausgleich des Kontos kommen kann.

Sonderziehungsrechte als internationale Korbwährung

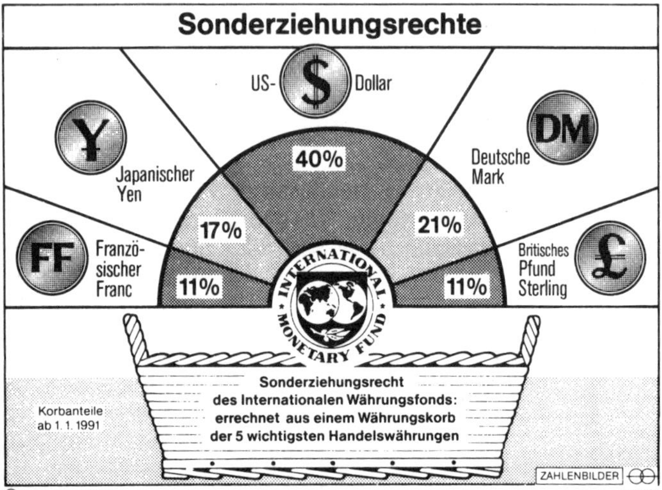

© Erich Schmidt Verlag 625 155

Eine Korbwährung – wie beispielweise auch die europäische Währungseinheit „ECU" – wird durch bestimmte Mengen von nationalen Währungen gebildet. Die Bezeichnung „Korb" erinnert bildlich daran, daß die verschiedenen Beträge der beteiligten nationalen Geldmengen wie in einem Korb zusammengefaßt sind.

Die SZR stellen seit 1980 einen Korb aus fünf Währungen (US-$, DM, Yen, ffrs und Pfund) dar. Die Korbmengen dieser Gelder werden regelmäßig überprüft, um den sich ändernden weltwirtschaftlichen Gewicht der betreffenden Länder Rechnung zu tragen. „Als ungefährer Maßstab für die Festlegung der Gewichte der einzelnen im SZR-Korb enthaltenen Währungen dient der Anteil des betreffenden Landes am Weltexport ... sowie das Ausmaß, in dem die jeweilige Währung ... als Reservewährung gehalten wurde." (Deutsche Bundesbank, Devisenkursstatistik August 1994, S. 81 f.)

Seit dem 1.1.1991 enthält der SZR-Korb die in Spalte (a) angegebenen festen Währungsbeiträge. Diese waren unter Zugrundelegung der durchschnittlichen Wechselkurse im Londoner Devisenmarkt im 4. Quartal 1990 so festgelegt wurden, daß die in

Spalte (b) und dem Schaubild ausgewiesenen Prozentsätze erreicht wurden:

	(a)	(b)
US-Dollar	0,572	40%
Deutsche Mark	0,453	21%
Yen	31,8	17%
Französischer Franc	0,800	11%
Pfund Sterling	0,0812	11%

Um den Tageswert eines SZR zu ermitteln, werden die Korb-Währungen mit Ausnahme des Dollars über die dafür maßgeblichen Londoner Marktkurse in Dollar-Beträge umgerechnet und addiert. So hatte ein SZR am 6.9.1994 den Wert von 1,46345 US-$. Der DM-Tageskurs eines SZR wird dann auf der Grundlage dieses $-Betrages umgerechnet. Ein SZR war dementsprechend 2,2622 DM wert.

Auch der Wert einer Korbwährung unterliegt somit Kursschwankungen. Diese sind jedoch grundsätzlich geringer als die Kursfluktuationen einzelner Währungen, weil sich Auf- und Abwertungen teilweise ausgleichen.

Auf der Grundlage dieser Ziehungsrechte schuf der IWF 1969 sog. *Sonderziehungsrechte* (SZR), die über die eingezahlten Quoten der Mitgliedsstaaten hinausgingen und insofern neu geschaffenes Geld darstellten. Die SZR hatten die Form einer *„Korbwährung"*, die sich aus Anteilen von Währungen der Mitgliedsstaaten zusammensetzten. Diese Zusammensetzung wurde den Änderungen im weltwirtschaftlichen Gewicht der Mitgliedsstaaten angepaßt und zudem vereinfacht, so daß schließlich nur noch fünf (statt vorher 16) Währungen wichtiger Welthandelspartner für die Bildung der SZR herangezogen wurden. (Eine „Korbwährung" werden wir später beim ECU im Rahmen des EWS wiederfinden.)

Von 1970 an wurden den Mitgliedsstaaten 9,3 Mrd. SZR in drei Jahresraten gutgeschrieben. Eine zweite Zuteilungsrunde gab es 1979-81 mit weiteren 12,1 Mrd. SZR. Maßgeblich für die Menge der zugeteilten zusätzlichen Liquidität war die IWF-Quote des jeweiligen Landes; große Länder erhielten dementsprechend mehr SZR als die kleinen. Insgesamt machen die SZR 3,1% aller Währungsreserven (ohne Gold) aus. (Deutsche Bundesbank, 1992 a, S. 33) Beim Tageskurs von 1 SZR = 2,2622 DM am 6.9.1994 in

Frankfurt haben alle bislang ausgegebenen 21,4 Mrd. Sonderziehungsrechte einen Gegenwert von 48,4 Mrd. DM.

Was läßt sich mit diesen SZR anfangen? Einfach gesagt können die Notenbanken der Mitgliedsstaaten (und auch nur diese – es gibt keine private SZR-Nutzung) mit diesen SZR beim IWF jederzeit die Währungen anderer Mitgliedsstaaten einkaufen (z.B. US-$), um damit ihren internationalen Verbindlichkeiten nachzukommen. Ein Beispiel möge das erläutern: Italien benötige zusätzliche DM zur Stabilisierung des Lira-Kurses. Es bietet dem IWF 100 Mill. SZR aus seinem Bestand an, um DM dafür zu erhalten. Wenn der IWF nicht über ausreichende Mengen an D-Mark verfügt, kann er die Deutsche Bundesbank anweisen, ihrerseits diese SZR entgegenzunehmen und gegen DM einzutauschen. Auf diese Weise kann der IWF Überschußländer, deren Währungen international knapp und begehrt sind, verpflichten, ihr Geld anderen Staaten in größerem Umfang zu Verfügung zu stellen. Damit müssen nicht nur Schuldner-, sondern aus Gläubigerstaaten ihren Beitrag leisten, die weltweiten Zahlungsströme auszugleichen.

Die Gefahr, daß mit der Schaffung neuen internationalen Geldes die weltweite Liquidität ansteigt, ohne daß dieser eine entsprechende Ausweitung der Gütermenge gegenübersteht, ist nicht von der Hand zu weisen. M.a.W., die Gefahr weltweiter inflationärer Impulse besteht nicht nur bei zusätzlichem Druck nationalen Geldes, sondern auch bei der Ausweitung internationaler Liquidität. Daher konnte der IWF nicht in unbegrenzter Menge neue SZR schaffen. Er mußte bei seinen Zuteilungen darauf achten, daß er die Anstrengungen aller IWF-Mitgliedsstaaten, die Inflation zu bekämpfen, nicht unterläuft.

Es sei an dieser Stelle nur erwähnt, daß es 1994 Auseinandersetzungen innerhalb des IWF über die Schaffung zusätzlicher SZR im Zusammenhang mit dem großen Kreditbedarf der mittel- und osteuropäischen Reformstaaten gab. Mit der Aufstockung des Gesamtbestandes an SZR würden die Reformstaaten zusätzliches Geld zur Finanzierung notwendiger Investitionen erhalten, ohne daß die wohlhabenden westlichen Marktwirtschafte weitere Kredite gewähren müßten. Letzteres erschien selbst für die USA so attraktiv zu sein, daß sie bereit schienen, ihren Widerstand gegen einen Ausbau der SZR-Bestände zurückzustellen – im Gegensatz zur Deutschen Bundesbank, die unverändert die Inflationsgefahren als Folge weiterer internationaler Liquidität im Milliardenhöhe beschwor.

Ein weiteres Problem war zu bedenken: Bringt die unentgeltliche Zuteilung von SZR nicht die Gefahr, daß Schuldnerstaaten damit ihre Schulden bezahlen, ohne sich anstrengen zu müssen, durch eigene Leistung wieder zu einem Ausgleich zu kommen? Dieser Gefahr wurde jedoch ein Riegel vorgeschoben, indem man jedes Land verpflichtete, die zum Schuldenabbau eingesetzten SZR innnerhalb eines Zeitraumes von fünf Jahren zu 70% zurückzukaufen. Das *Weltgeld* bleibt also zum großen Teil ein *rückzahlungspflichtiger Kredit*, in der Sprache des IWF somit nur ein „Sonder"-Ziehungsrecht.

Deutschland hatte insgesamt eine Zuteilung von 1,211 Mrd. SZR erhalten. Um diesen Betrag hatten sich die Währungsreserven der Bundesbank erhöht. Um diese Reservenerhöhung nicht als einen außerordentlichen, an den Finanzminister abzuführenden Gewinn der Bundesbank erscheinen zu lassen, wurde auf der Passivseite der Bankbilanz ein „Ausgleichsposten für zugeteilte SZR" eingefügt. Ein SZR hatte am 6.9.1994 einen Wert von 2,2622 DM. Das entsprach dem Tageswechselkurs der Bestandteile an Korbwährungen. Von den zugeteilten SZR verfügte Deutschland am selben Tag über 732 Mill. SZR, was einem DM-Wert von 1,74 Mrd. DM entsprach. M.a.W., Deutschland hatte etwa 480 Mill. SZR verwendet, um die seit der Vereinigung angelaufenen Defizite in der Leistungsbilanz zu finanzieren. Vor der Vereinigung hatte die damalige Bundesrepublik als traditionelles Überschußland mehr SZR im Bestand der Währungsreserven, weil Drittstaaten ihren DM-Bedarf mit Hilfe von SZR bei der Bundesbank gedeckt hatten.

b. Währungspolitische Kooperation in der EG; die „Währungsschlange"

Die Krise des IWF zu Beginn der 70er Jahre markierte mit den Worten der Deutschen Bundesbank (Geschäftsbericht 1971, S. 53) für die EG den Beginn einer *„eigenständigen Währungspersönlichkeit nach außen"*. Die Turbulenzen auf den Weltdevisenmärkten zwangen die Mitgliedsstaaten der EG (damals noch die ursprünglichen sechs Mitglieder Benelux, Deutschland, Frankreich, Italien; 1973 erfolgte der Betritt Dänemarks, Großbritanniens und Irlands), die Währungsbeziehungen untereinander verbindlich zu regeln.

Dazu bestand insbesondere deshalb ein dringender Anlaß, weil der gemeinsame Agrarmarkt gleiche Preise der Agrarprodukte in allen Mitgliedsstaaten vorschrieb. Bei der Preisbestimmung hatten sich die EWG-Staaten seit Bestehen der Gemeinschaft am US-Dollar orientiert: Nach Festlegung des Dollarpreises für die Agrarprodukte innerhalb der EWG wurden die nationalen Preise in Franc, Lira, Mark usw. nach Maßgabe der festen Wechselkurse innerhalb des IWF umgerechnet. Für die Landwirte waren diese Preise dafür maßgeblich, was sie, gemessen in nationalem Geld, für ihre Produkte erhielten. Daran änderte sich nichts, als 1967 die Organe von EWG, Euratom und Montanunion (Europäische Gemeinschaft für Kohle und Stahl) zur EG verschmolzen wurden.

Offensichtlich muß ein so konstruierter Agrarmarkt in erhebliche Schwierigkeiten geraten, wenn die festen Umtauschrelationen zum Dollar zerbrechen. Nehmen wir einmal an, der in Dollars festgelegte Preis der EG für einen Doppelzentner Gerste betrage 20 $. Bei einem Wechselkurs von DM 3,- je Dollar erhielt ein deutscher Landwirt 60 DM, ein französischer Bauer bei einem Kurs von 9,- ffrs je Dollar 180 ffrs. Wenn nun im Zusammenhang mit den Verschiebungen der Wechselkurse die DM aufgewertet wird, so daß der Kurs jetzt DM 2,50 je Dollar, der Franc aber abgewertet wird auf 10,- ffrs je Dollar, dann ergeben sich erhebliche Einkommensverschiebungen in der Landwirtschaft: In Deutschland werden unerwartet mit 50 DM je Doppelzenter Einkommenseinbußen von 10 DM entstehen, in Frankreich dagegen mit 200 ffrs Erlös Einkommenszuwächse von 20 ffrs pro Gewichtseinheit.

Die EG als Zone währungspolitischer Stabilität

Die Lösung dieser Probleme wurde grundsätzlich darin gesehen, die EG als eine Zone der Stabilität innerhalb des turbulenten IWF einzurichten. 1971, als die Mitgliedsstaaten des Währungsfonds noch der Überzeugung waren, die festen Wechselkurse retten zu können, wurden die Dollarkurse weltweit neu festgesetzt und die Schwankungsbreiten zur Erreichung größerer Flexbilität ausgedehnt. Konnten die EG-Währungen vor diesen Regelungen 0,75% über oder unter dem Dollarmittelkurs liegen, so wurde damals die zulässige Schwankungsbreite auf +/- 2,25% ausgedehnt, womit sich der Abstand zwischen dem Höchst- und Mindestkurs jeder Währung zum Dollar auf 4,5% ausweitete. Das bedeutete weiterhin, daß sich die Kursschwankungen der Währungen der EG-Staaten untereinander (die sog. *cross-rates*) dann insgesamt auf 9% belaufen konnten.

Das soll ein einfaches Zahlenbeispiel verdeutlichen: Wenn der Dollarkurs der DM 1 $ = 4 DM beträgt, dann darf der Devisenkurs bei einer zulässigen Bandbreite von 2,25% nach beiden Seiten zwischen 3,91 und 4,09 DM schwanken, bevor die Notenbanken auf den Märkten stabilisierend eingreifen müssen. Bei einem Dollarkurs des Franc von 1 $ = 12 ffrs wäre entsprechend der Rahmen von 11,73 bis 12,27 ffrs zulässig. Über ihren jeweiligen Dollarkurs sind die beiden europäischen Währungen dann zueinander im Verhältnis von 4 DM = 12 ffrs, also 1:3, festgelegt. Erreicht die DM eine Aufwertung auf 3,91, der Franc eine Abwertung auf 12,27 ffrs pro Dollar, dann hat sich die Relation zwischen DM und Franc auf 1:3,138 verändert, was einer DM-Aufwertung gegenüber dem Franc von 4,5% entspräche. Bei einer zulässigen DM-Abwertung gegenüber dem US-$ auf 4,09 DM und einer gleichzeitigen Francaufwertung auf 11,73 ffrs ergäbe sich eine DM-Franc-Relation von 1:2,868. Das entspricht einer Francaufwertung gegenüber der DM von 4,5%. Die gesamte Schwankungsbreite zwischen den beiden europäischen Währungen beläuft sich bei diesem Beispiel auf 0,27 ffrs, was beim Kurs von 1:3 insgesamt 9% ausmacht.

Dieser erhöhte Spielraum wurde 1971 von der EG nicht akzeptiert; die Mitgliedsstaaten vereinbarten trotz ihrer Mitgliedschaft im IWF, die weltweit vereinbarten Bandbreiten zu halbieren und damit ein *Gebiet erhöhter Währungsstabilität innerhalb des IWF* zu bilden. Das war mit zusätzlichem Beistand verbunden: „Die Intervention in Gemeinschaftswährungen macht es erforderlich, daß eine Notenbank, die ihre eigene ‚schwache' Währung zu stützen hat, von einem Partnerland mit starker Währung entsprechende Währungsbeträge zur Intervention auf dem Devisenmarkt erhält; umgekehrt muß eine Notenbank mit starker Währung bereit sein, eine schwache Partnerwährung, die an die untere Grenze der Bandbreite stößt, am Devisenmarkt anzukaufen." (Deutsche Bundesbank, Geschäftsbericht 1971, S. 52 f.)

Der Durchbruch zur Entstehung dessen, was die Bundesbank damals als *„die europäische Währungszone"* bezeichnete und was mit gutem Grund als Einstieg in das Europäische Währungssystem EWS (1979) und die vereinbarte Europäische Währungsunion EWU (1997/1999) bezeichnet werden kann, geschah am 11.3.1973 als Folge des oben bereits erwähnten endgültigen Zusammenbruchs des IWF als eines weltweiten Systems fester Wechselkurse. Die EG mußte auf den Tatbestand reagieren, daß die Kurse der Weltwährungen künftig frei gegeneinander schwankten, wobei keine festen Bandbreiten mehr beibehalten würden. Man erwartete davon erhebliche Störungen für den Handel zwischen den am

1.1.1973 um England, Dänemark und Irland erweiterten Mitgliedsstaaten, was das politische Ziel, die EG zu einer umfassenden Wirtschaftsgemeinschaft auszubauen, verletzte. Buchstäblich katastrophal würden sich schwankende Kurse auf den gemeinsamen Agrarmarkt mit seinen gemeinschaftsweit gleichen Preisen auswirken. Je nach Tageslage auf den Devisenmärkten müßten die Preise mit nachhaltigen Auswirkungen auf die Einkommens- und Wettbewerbslage der Landwirtschaften in den Mitgliedsstaaten geändert werden.

Gemeinsames Block-Floaten

Daher wurde *„das gemeinsame Floaten eines europäischen Blocks im IWF“* vereinbart. Die Kurse zum US-$ waren freigegeben worden, so daß die Währungen jenseits der früher vereinbarten Bandbreiten schwanken („floaten“) durften. Jedoch wurde, wie es im EG-Amtsdeutsch hieß, „die gegenwärtige Bandbreite für die D-Mark, die Dänische Krone, den Holländischen Gulden, den Belgischen Franken, den Luxemburgischen Franken und den Französischen Franken mit 2,25 Prozent beibehalten ... Die Zentralbanken sind nicht mehr verpflichtet, zur Aufrechterhaltung der Bandbreiten des US-Dollars zu intervenieren ... Das britische, das irische und das italienische Mitglied des Rates haben erklärt, daß ihre Regierungen die Absicht haben, sich sobald wie möglich dem Beschluß über die Beibehaltung der gemeinschaftlichen Bandbreiten anzuschließen ... Der Rat ist übereingekommen, daß in der Zwischenzeit eine enge kontinuierliche Konzertation auf währungspolitischem Gebiet zwischen den zuständigen Behörden der Mitgliedsstaaten beibehalten wird.“ (Deutsche Bundesbank, Geschäftsbericht 1972, S. 33)

Im Zeitablauf stellte sich in grafischer Betrachtung die Kursentwicklung der (später um skandinavische Währungen ergänzten) EG-Währungen zum US-Dollar als ein gewundenes Band mit jeweiligen Höhen und Tiefen dar, so daß hierfür der Begriff der „Währungsschlange“ geprägt wurde. In dieser bewegte sich eine weitere Währung außerhalb der EG, der von der österreichischen Nationalbank eng an die D-Mark gebundene Schilling. Für Deutschland sicherte diese Schlange feste Währungsrelationen für etwa 40% des gesamten Außenhandels. Als Frankreich im Januar 1974 aus der Schlange ausscheiden mußte, weil der Franc trotz Interventionen nicht mehr in dem eher schmalen Band zu halten war, verlor der Währungsblock erheblich an Bedeutung. Immerhin standen mit dem britischen Pfund, der Lira und dem Franc die

Währungen dreier großer EG-Mitgliedsstaaten außerhalb einer gemeinsamen Währungspolitik. Damit war klar, daß die EG auf diese Weise keine endgültige Ordnung der Währungsbeziehungen ihrer Mitglieder hatte erreichen können.

c. *In Richtung auf Binnenmarkt und Währungsunion: Der „Werner"-Plan*

Die EG als *„eigenständige Währungspersönlichkeit"* oder als *„Währungszone"* wurde sehr stark durch die dramatischen Ereignisse auf den Weltdevisenmärkten beeinflußt. Angesichts dieser realen Entwicklungen hatte sich die EG 1969 auf dem Haager Gipfel selbst die Aufgabe gestellt, den Gemeinsamen Markt zu vollenden und den Integrationsprozeß durch eine Wirtschafts- und Währungsunion zu vertiefen. Es wurde eine vom luxemburgischen Ministerpräsidenten Pierre Werner geleitete Kommission gebildet, die einen Plan für die Einrichtung einer Wirtschafts- und Währungsunion vorbereiten sollte.

Der Anlaß für diese Aktivität war nicht zufällig. 1969 erschienen – noch vor dem Zerfall der durch den IWF geprägten Weltwährungsordnung, die ja gleichzeitig auch eine Ordnung der Währungsbeziehungen der EG-Mitglieder untereinander war – als Folge tiefgreifender innenpolitischer Umwälzungen durch die Ereignisse des Jahres 1968 die ersten sichtbaren Zeichen währungspolitischer Unruhen an der Wand: Deutschland beugte sich dem internationalen Druck, die D-Mark endlich aufzuwerten und damit gegen die chronischen Leistungsbilanzüberschüsse (bzw. -defizite der Handelspartner) vorzugehen. Frankreich mußte die Konsequenzen aus der 1968er Lohnexplosion und der dadurch verursachten Außenhandelsschwäche ziehen und den Franc abwerten. Beide nach monatelangem Zögern und bei sich aufbauendem politischen Druck erfolgte Maßnahmen nahmen zwar einige Konflikte aus dem IWF-Festkurssystem, machten aber deutlich, daß die Zeiten unverrückbarer Festkurse vorüber waren.

In dieser Situation war die Aussicht auf eine Währungsunion der EG sehr verlockend:

- sie versprach Ruhe an der Agrarpreisfront; die Preisänderungen als Folge von Änderungen der Paritäten zwischen den Währungen der EG-Mitgliedsstaaten ließen sich damit vermeiden;
- sie versprach größere Sicherheit gegenüber den traumatischen Ereignissen, die sich um die nationalen Paritätenänderungen,

insbesondere Abwertungen als öffentliche Zeichen für gescheiterte Wirtschaftspolitik, rankten. Ein monetär geeintes Europa sollte sich besser gegenüber dem US-$ behaupten können;
- sie versprach, ein politisches Symbol für die weitere Intensivierung der Zusammenarbeit in der EG zu werden. Das stellte wiederum ein Zeichen für die Außenwelt dar, daß man künftig mit einem geeinten und wirtschaftlich starken Europa zu rechnen hätte.

Der Ende 1970 vorgelegte Bericht der Werner-Kommission war ebenso kühn wie weitsichtig: Er forderte eine erhebliche Stärkung der supranationalen Kompetenzen durch ein gemeinsames europäisches Zentralbankensystem, das eine einheitliche europäische Geldpolitik durchführen sollte, sowie ein wirtschaftspolitisches Entscheidungsgremium, das folgerichtig die in rein nationaler Verantwortung betriebene Wirtschaftspolitik (zu der auch die Haushaltspolitik der Regierungen gehörte) maßgeblich nach gesamteuropäischen Erfordernissen beeinflussen sollte.

Der Werner-Plan sah als überlegene Alternative ein gemeinsames europäisches Geld vor. Hilfsweise sollten jedoch die Währungen der Mitgliedsstaaten bei nicht mehr veränderbaren Fixkursen miteinander verbunden werden.

Dieser Plan war international von der sich aufbauenden IWF-Krise begleitet, als deren Folge sich zeigte, daß nicht einmal alle EG-Mitglieder Festkurse mit Bandbreiten im Rahmen der Währungsschlange (geschweige denn absolute Kursfixierungen) einhalten konnten. Der Werner-Plan verlangte weiterhin derartig einschneidende Eingriffe in die nationalstaatlichen wirtschafts- und geldpolitischen Rechte, die von den damaligen Regierungen (noch) nicht akzeptiert werden konnten. Vielleicht brauchte die Europäische Gemeinschaft die dann folgenden Stagnationsjahre der sog. Eurosklerose, um zu begreifen, daß der politische und institutionelle Stillstand die Gemeinschaft schwer beschädigte. Erst Mitte der 80er Jahre wurden mit der „Einheitlichen Europäischen Akte" (Festschreibung des gemeinsamen Binnenmarkts 1993) und Anfang der 90er Jahre mit dem „Maastrichter Abkommen" (Schaffung der Wirtschafts- und Währungsunion 1997/1999) daraus Konsequenzen gezogen.

Schema zur 1970/71 projektierten Europäischen Wirtschafts- und Währungs-Union („Werner-Plan")

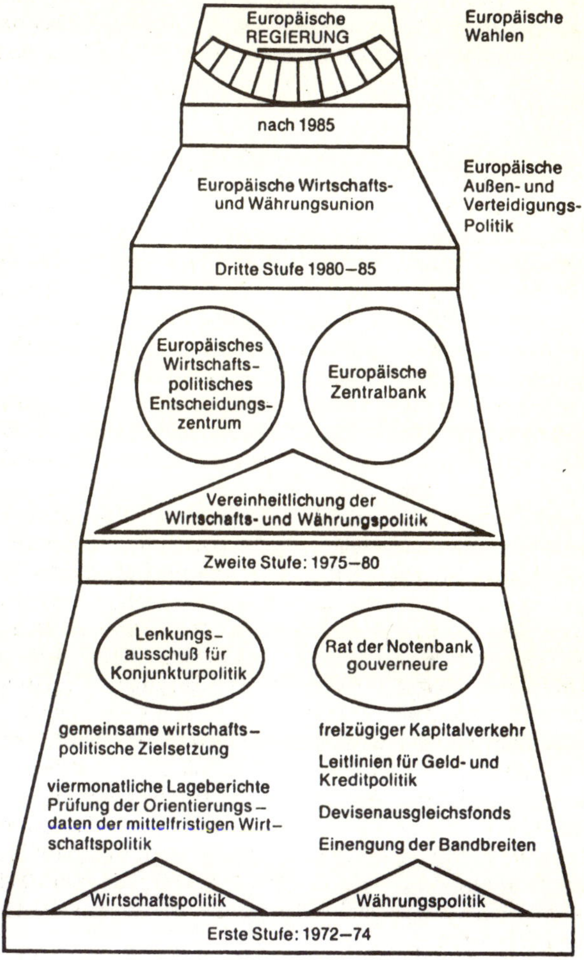

Quelle: Gerda Zellentin, Europa 1985, Gesellschaftliche und politische Entwicklungen in Gesamteuropa, Bonn 1972, S. 96.

1973 jedenfalls scheiterte der Werner-Plan endgültig. An seine Stelle traten hilfsweise die Regelungen der „Währungsschlange“, die Ende der 70er nach einem politischen Kraftakt des damaligen deutschen Bundeskanzlers Schmidt und des französischen Präsidenten D'Estaing ihre Verbesserung und Vertiefung im „Europäischen Währungssystem“ (EWS) fanden.

2.3 Das Europäische Währungssystem (EWS)

a. *Das EWS als System fester Wechselkurse. „Bandbreiten“ und „Paritätengitter“*

Die Erfahrungen, die die Gemeinschaft in den 70er Jahren mit ihrer unvollkommenen „Währungsschlange“ und den ansonsten frei schwankenden Wechselkursen gemacht hatte, waren höchst unbefriedigend. Daß die EG mit diesem Zustand keine endgültige Regelung gefunden hatte, war allen Beteiligten klar.

Neue währungspolitische Bewegungen wurden 1977 vom damaligen EG-Präsidenten Roy Jenkins angestoßen, der einen zentralen Gedanken des abgelegten „Werner-Plans“, die Einführung einer Währungsunion, erneut in die Diskussion brachte. 1978 griff Bundeskanzler Helmut Schmidt diese Anregungen auf den Gipfeltreffen in Kopenhagen und Bremen auf. Noch im Dezember desselben Jahres wurde – insbesondere bei Unterstützung durch den französischen Präsidenten Giscard d'Estaing – die Bildung eines „Europäischen Währungssystems“ (EWS) vom Rat beschlossen. Das EWS wurde dann ab Mitte März 1979 bei Beteiligung aller neun Mitgliedsstaaten (wenn auch mit unterschiedlicher Intensität) praktiziert.

Welche besonderen Motive hatte die Gemeinschaft, gerade zu der Zeit und mit beachtlicher Geschwindigkeit ein Währungssystem untereinander zu vereinbaren? Swann (S. 196 ff.) nannte drei wesentliche Motive:

- Es bestand eine allgemeine Unzufriedenheit mit den floatenden Wechselkursen, die das Festkurssystem des IWF abgelöst hatten. Es gab zwar durchaus Stimmen aus der Wissenschaft, die Wechselkurse zu Recht als eine Art von Preisen begriffen und nicht einsehen wollten, welche Vorteile in Marktwirtschaften darin lägen, Preise zu binden und ihnen damit ihre Funktion als

Informations- und Sanktionsinstrument zu nehmen. Die Mehrheit der Handlungsträger in Wirtschaft und Politik mochte jedoch der Wissenschaft nicht folgen, aus der Not unkontrollierbarer Kursschwankungen eine marktwirtschaftliche Tugend zu machen. Sie war vielmehr der Überzeugung, daß der Zusammenbruch des Festkurssystems hauptsächlich eine wirtschafts- und währungspolitische Niederlage darstellte, die man sobald als möglich wieder korrigieren sollte.

- Feste Wechselkurse hätten eine positive Wirkung auf die Handels- und Investitionstätigkeit der Unternehmen in den Mitgliedsstaaten. Die „volle europäische Dimension“ der Geschäftstätigkeit werde durch die ständigen Kursschwankungen und die Unsicherheiten über die künftigen Wechselkurse zwischen den europäischen Währungen spürbar beeinträchtigt. Die Entwicklungspotentiale eines großen Wirtschaftsraumes würden damit nur unzureichend ausgeschöpft werden.
- Flexible Wechselkurse hätten, so die Kritik, die Eigenschaft, überschießende Reaktionen auf die tatsächlichen weltwirtschaftlichen Entwicklungen (also die unterschiedlichen Wachstums- und Inflationsraten) zu zeigen. Damit fielen Auf- und Abwertungen mit all ihren Konsequenzen für die Steuerung der Handelsströme, für die Produktion und Beschäftigung in den einzelnen Staaten viel höher aus, als durch die tatsächlichen wirtschaftlichen Unterschiede zu rechtfertigen wäre.

Kapitalbewegungen

Der letzte Punkt stellte tatsächlich ein erhebliches Problem dar. Angesichts der weltweit immer bedeutsamer werdenden Finanztransaktionen wurden immer größere Beträge auf den Devisenmärkten mit all ihren Auswirkungen auf die Wechselkurse gehandelt. Verlor beispielsweise der US-$ das Vertrauen von Anlegern, so lösten diese Dollarguthaben auf und fragten entsprechend mehr europäische Währungen nach. Letzteres geschah jedoch höchst einseitig; die Kapitalbewegungen gingen hauptsächlich in die D-Mark mit dem Ergebnis, daß diese aufwertete. Deutschland hatte zu entscheiden, ob es diese Aufwertung mitmachen sollte (was womöglich seine Exportindustrie benachteiligte). Vor einer ähnlichen Situation standen die anderen EG-Staaten; diese prüften, ob sie eine Abwertung gegenüber der Mark hinnehmen (was seinerseits die Importpreise und damit die Inflationsrate anhob) oder zusammen mit der DM gegenüber dem Dollar aufwerten wollten.

Warenhandel und Kapitalverkehr der Bundesrepublik
in Milliarden DM
(ab 1990 Gesamtdeutschland)

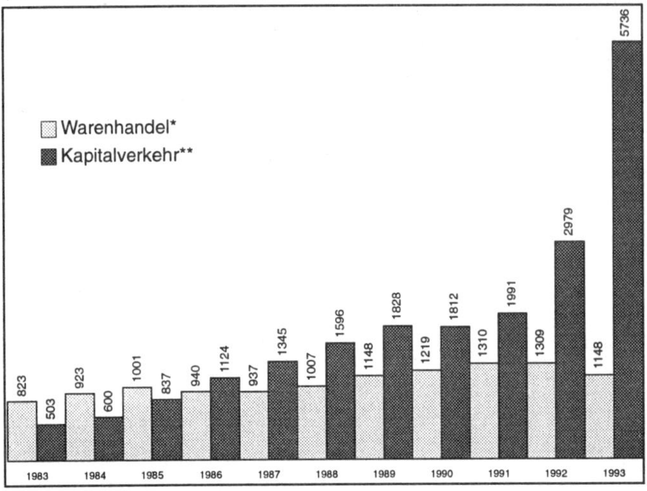

* Ein- und Ausfuhr
** Neuanlagen und Liquidationen
Quelle: Deutsche Bundesbank, iw

Ein europäisches Währungssystem mit festen Kursen hätte die Chance, die Anpassungslasten von der DM weg auf viele Schultern zu verteilen: Warum sollte eine amerikanische Investmentgesellschaft ihre Dollars nicht auch in französische Francs umtauschen, wenn diese fest an die DM gebunden sind? Obwohl diese Vermutung zumindest plausibel ist, wurde dennoch von der Deutschen Bundesbank bezweifelt, daß eine „einheitliche EG-Dollarpolitik“ erfolgreich durchgeführt werden könne. „Befürworter einer gemeinsamen Dollarpolitik übersehen häufig die Probleme, die sich aus der Sonderstellung der D-Mark als der zweitwichtigsten Anlage- und Reservewährung ergeben. Die D-Mark bildet im Markt häufig einen Gegenpol zum Dollar mit der Folge, daß Kapitalbewegungen aus dem Dollar in die D-Mark und umgekehrt erheblichen Umfang annehmen können – mit entsprechenden Wirkungen auf den Dollarkurs der D-Mark.“ (Deutsche Bundesbank, 1992 a, S. 296.)

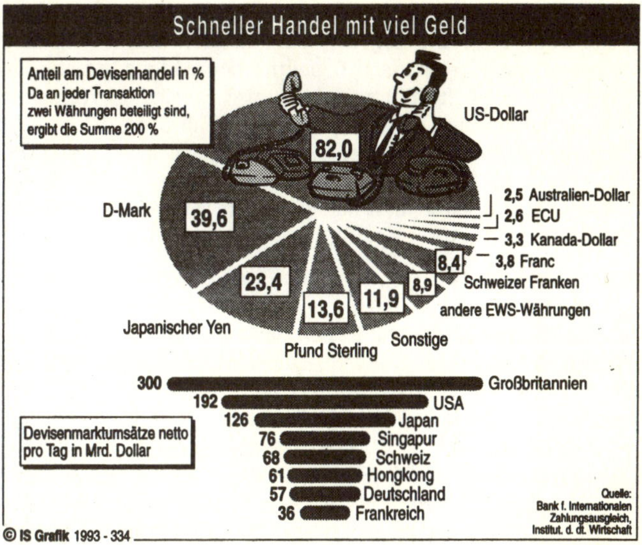

Die Darstellung dieser Interessenlagen verdeutlicht, daß das EWS von 1979 aus einem währungspolitischen Problemdruck heraus entstanden war und sich daher erheblich vom Fernziel einer wirklichen Währungsunion (mit einheitlichem Geld und einer gemeinsamen Zentralbank) unterschied.

„Monetaristen“ vs. „Ökonomisten“

Hinzugefügt werden muß, daß auch die Wissenschaft keine eindeutigen Rezepte anbieten konnte. Deutlich schälten sich zwei Lehrmeinungen heraus, die jeweils entgegengesetzte Handlungsanweisungen anboten:

- die sog. *Monetaristen* (auf deren Seite die französische, belgische und luxemburgische Regierung sowie die Kommission der EG standen) forderten umgehend währungspolitische Disziplin mittels fester Wechselkurse, weil die Regierungen dadurch gezwungen werden, einen Stabilitätskurs zu fahren. Dieser sei die *Voraussetzung*, eine gemeinsame Währung mit einheitlicher Geldpolitik einzuführen.

– die sog. *Ökonomisten* (mit deutscher und holländischer Unterstützung) forderten dagegen eine längere Zeit erfolgreicher Konvergenz der Wirtschaftspolitik der Mitgliedsstaaten mit nachweisbaren Stabilitätserfolgen, also kollektiver Absenkung der Inflationsraten auf ein gemeinsames niedriges Niveau. Die Märkte würden diese Politik mit Rückgang der Kursschwankungen honorieren. Eine Union der gleichwertigen Währungen wäre dann die abschließende *Folge* dieser Politik. (Tolksdorf, 1991, S. 41)

Das 1979 ins Leben gerufene EWS wurde mit einer politischen Kompromißformel begründet. Man verband das Ziel, „ein höheres Maß an Währungsstabilität in der Gemeinschaft herbeizuführen", mit der Aufgabe, „die Konvergenz der wirtschaftlichen Entwicklung zu erleichtern und dem Prozeß der Europäischen Union neue Impulse zu verleihen." (Harbrecht, S. 180)

Inhaltlich baute das EWS auf der „Schlange" auf, die es, wie einige Autoren sagten, zur „Super-Schlange" ausweitete. Zwischen den (meisten) Währungen der Mitgliedsstaaten wurden feste Wechselkurse vereinbart, von denen die Währungen der am Festkurssystem beteiligten Länder nur um die bereits von der Schlange bekannten 2,25 Prozentpunkte nach oben und unten abweichen durften.

Eine besondere Rolle erhielt die (später näher behandelte) Korbwährung ECU, die gleichzeitig als wichtiges Bestandteil des EWS geschaffen wurde. Die grundsätzlich gleichberechtigten Gemeinschaftswährungen benötigten einen Maßstab, an dem sie ihren Wert ausrichten konnten. Da der US-Dollar aus bekannten Gründen nicht mehr zur Verfügung stand, als – wie es einmal prosaisch gesagt wurde – Sonne im Zentrum des Planetensystems der anderen Währungen zu stehen, wurde die ECU als selbst geschaffene Kunstwährung mit dieser Funktion betraut. Damit wurde auch vermieden, eine der Währungen der Mitgliedsstaaten „offiziell" in den Rang einer zentralen Währung zu heben.

Bilaterale Leitkurse

Jedes EG-Mitglied, das sich am Festkurssystem des EWS beteiligen wollte, bestimmte den Kurs seiner Währung zur ECU. Dadurch ergaben sich zwangsläufig auch die bilateralen Leitkurse untereinander. Diese bildeten das sog. Paritätengitter, aus dem man ablesen konnte, in welcher Relation die dänische Krone zum holländischen Gulden, dieser zum belgischen Franc, jener zur D-

Mark und letztere zum französischen Franc stand. Da jede Währung gegenüber dem ECU im täglichen Devisenmarktgeschehen um insgesamt 4,5% (= +/- 2,25%) schwanken durfte, waren ebenfalls Schwankungen in Relation zu den verschiedenen bilateralen Leitkursen zulässig. Wenn diese zusätzlich in das Paritätengitter eingetragen werden, erhält man die nicht unkomplizierte Matrix von Wechselkursen, an denen sich die Kurssicherungspolitik der Mitgliedsländer zu orientieren hatte. Damit unterschied sich das EWS prinzipiell nicht vom Geflecht der Wechselkurse, wie sie der IWF mit der zentralen Rolle des US-$ gekannt hatte.

Teilnehmer am EWS waren alle Mitgliedsstaaten; an der Wechselkursfixierung beteiligte sich jedoch Großbritannien nicht, weil die britische Regierung keine Chancen sah, den Pfundkurs innerhalb des Paritätengitters dauerhaft zu stabilisieren. Für Italien wurde eine Ausnahme bei der Festlegung der Bandbreiten vorgesehen; statt der 2,25% Schwankung nach beiden Seiten waren für die Lira 6% (also insgesamt 12% zulässiger Abweichung) vereinbart worden.

Bilaterale Leitkurse, Höchst- und Niedrigstkurse innerhalb der EWG

seit 8. Oktober 1990 **Stand: 14. Februar 1992**

Land Währung	100 bfrs/lfrs = ... WE	100 dkr = ... WE	100 DM = ... WE	100 FF = ... WE	1 £ = ... WE	1 Ir£ = ... WE	1000 Lit = ... WE	100 hfl = ... WE	100 Ptas = ... WE
Belgien/ Luxemburg bfr/lfr	- - -	553,00 540,723 528,70	2 109,50 2 062,55 2 016,55	628,970 614,977 601,295	64,6050 60,8451 57,3035	56,5115 55,2545 54,0250	28,193 27,5661 26,953	1 872,15 1 830,54 1 789,85	33,6930 31,7316 29,8850
Dänemark dkr	18,9143 18,4938 18,0831	- - -	390,16 381,443 373,00	116,32 113,732 111,20	11,9479 11,2526 10,5976	10,4511 10,2186 9,9913	5,214 5,09803 4,985	346,24 338,537 331,02	6,231 5,86837 5,526
Deutschland, Bundesrepublik DM	4,959 4,84837 4,740	26,810 26,2162 25,630	- - -	30,495 29,8164 29,150	3,132 2,95000 2,778	2,740 2,67894 2,619	1,3670 1,33651 1,3065	90,770 88,7526 86,780	1,633 1,53847 1,449
Frankreich FF	16,6310 16,2608 15,8990	89,925 87,9257 85,970	343,05 335,386 327,92	- - -	10,5055 9,89389 9,3180	9,1890 8,98480 8,7850	4,5845 4,48247 4,3830	304,44 297,661 291,04	5,4785 5,15981 4,8595
Groß- britannien £	1,74510 1,64352 1,54790	9,43610 8,88687 8,36970	35,9970 33,8984 31,9280	10,7320 10,1073 9,5190	- - -	0,964240 0,908116 0,855260	0,481050 0,453053 0,426690	31,9450 30,0853 28,3340	0,553740 0,521514 0,491160
Irland Ir£	1,8510 1,80981 1,7695	10,0087 9,78604 9,5683	38,1825 37,3281 36,4964	11,3830 11,1299 10,8825	1,1692 1,10118 1,0371	- - -	0,510246 0,498895 0,487799	33,8868 33,1293 32,3939	0,609772 0,574281 0,540858
Italien Lit	3 710,2 3 627,64 3 546,9	20 062,0 19 615,4 19 179,0	76 540,0 74 821,7 73 157,0	22 817,0 22 309,1 21 813,0	2 343,62 2 207,25 2 078,79	2 050,03 2 004,43 1 959,84	- - -	67 912,0 66 405,3 64 928,0	1 222,3 1 151,11 1 084,1
Niederlande hfl	5,5870 5,46286 5,3415	30,21 29,5389 28,8825	115,235 112,673 110,1675	34,36 33,5953 32,8475	3,5295 3,32389 3,1305	3,0870 3,01848 2,9510	1,540 1,50590 1,4725	- - -	1,8405 1,73345 1,6325
Spanien Pta	334,619 315,143 296,802	1 809,4 1 704,05 1 604,9	6 901,7 6 500,00 6 121,7	2 057,8 1 938,06 1 825,3	203,600 191,750 180,590	184,892 174,131 163,997	92,24 86,8726 81,82	6 125,3 5 768,83 5 433,1	- - -

Quelle: Statistische Beihefte zu den Monatsberichten der Deutschen Bundesbank, Reihe 5, Die Währungen der Welt, Febr. 1992, S. 50.
Erläuterung: Der jeweils in der Mitte stehende Wert ist der vereinbarte Leitkurs. Die oberen und unteren Zahlenangaben entsprechen den Höchst- bzw. Niedrigstkursen, kennzeichnen also die Bandbreite der zulässigen Kursschwankungen.

„In den ersten Monaten nach dem Anlaufen des EWS herrschten relativ günstige Rahmenbedingungen für das Funktionieren des Systems. Die Stabilisierung des US-Dollars aufgrund des Maßnahmenpakets der US-Behörden vom 1.11.1978 trug dazu ebenso bei wie die Besserung der Zahlungsposition der am früheren Wechselkursverbund der 'Schlange' nicht beteiligten EG-Länder. So notierte entgegen den ursprünglichen Erwartungen die Lira (ebenso wie das Pfund Sterling, das am Wechselkursmechanismus nicht teilnimmt) an den Devisenmärkten ausgesprochen fest." (Deutsche Bundesbank, Geschäftsbericht 1979, S. 61)

Von den Ländern der „Süderweiterung der EG" (1981: Griechenland; 1986 Spanien und Portugal) hatte sich nur Griechenland bislang überhaupt nicht am Wechselkurssystem beteiligt; die Drachme schwankte frei je nach Devisenmarktlage gegenüber den anderen EG-Währungen. England trat Ende der 80er Jahre dem Interventionsmechanismus bei, mußte allerdings anläßlich der EWS-Krise im Herst 1992 zusammen mit Italien wieder aus dem Festkurssystem ausscheiden.

b. Die Europäische Währungseinheit „ECU" als Korbwährung

Da die EG über keine eigene Währung verfügte, sondern weiterhin die einzelnen Währungen der Mitgliedsstaaten als jeweilige gesetzliche Zahlungsmittel existierten, „benötigte sie einen 'Wertmaßstab', in dem sie Einnahmen und Ausgaben, Forderungen und Verbindlichkeiten sowie sonstige monetäre Größen im Rahmen ihrer Politiken ausdrücken kann." (Deutsche Bundesbank, 1992 a, S. 194) Im Rahmen des EWS war für diese Zwecke die ECU („European Currency Unit") geschaffen worden. Diese Bezeichnung war, worauf Czada (1992, S. 491) zutreffend hinwies, identisch mit dem Namen einer alten französischen Goldmünze (écu). Daher war in der deutschen Sprache eine Unsicherheit über die Verwendung des Artikels entstanden: Handelte es sich um „den" ECU (als Münze) oder „die" ECU (als Währungseinheit)?

Funktionen der ECU

Der Europäische Rat hat „der" ECU (so ist der Sprachgebrauch der Bundesbank) vier Aufgaben zugewiesen:

- Bezugsgröße (numéraire) für den Wechselkursmechanismus,
- Grundlage für den sog. Abweichungsindikator,
- Rechengröße (Denominator) für Finanzierungsoperationen,

– Zahlungsmittel und Reserveinstrument unter EWS-Zentralbanken zu sein.

Die ECU ist ein Korb, der bestimmte feste Beträge jeder einzelnen Mitgliedswährung enthält. Der Umfang jedes Währungsbeitrags wurde an die wirtschaftliche Bedeutung des jeweiligen EG-Mitglieds gebunden, wobei das Bruttosozialprodukts und das Außenhandelsvolumen die Kriterien waren. Mit der Gründung des EWS war vereinbart worden, die Zusammensetzung des ECU-Währungskorbes alle fünf Jahre zu überprüfen, um diesen an Neuaufnahmen und gewandelte wirtschaftliche Gewichte der Mitgliedsstaaten anzupassen.

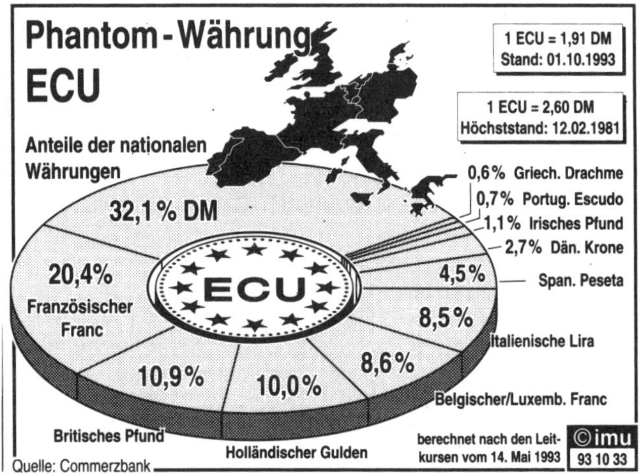

Konkret bedeutete das für die D-Mark, daß sich ihr relatives Gewicht von 27,3% (1975) auf 30,1% (1989) ausgeweitet hatte. Da andererseits der Wert einer ECU nicht erhöht werden sollte, mußte der absolute D-Marktanteil im Korb zurückgehen: von 82,8 Pfennigen (1975) auf 62,42 Pfennige (1989).

Die letzte Anpassung erfolgte 1989. Durch das Maastrichter Abkommen (Art. 109 g des Vertrages über die Europäische Gemeinschaft) ist diese Zusammensetzung als unveränderlich festgelegt worden, wobei die ECU mit der sog. dritten Stufe der Währungsunion ihren Charakter als Korbwährung verlieren und stattdessen ein eigenständiges, von der Europäischen Zentralbank bewirtschaftetes Geld werden sollte.

Zusammensetzung des ECU-Währungskorbes 1 ECU entspricht der Summe der Gegenwerte aller nachstehender Währungsbeträge zum jeweiligen Wechselkurs			
Landeswährung	ab 13.3.1979	ab 17.9.1984	ab 21.5.1989
Deutsche Mark (DM)	0,828	0,719	0,6242
Pfund Sterling (£)	0,0885	0,0878	0,08784
Französischer Franc (FF)	1,15	1,31	1,332
Italienische Lira (Lit)	109,00	140,00	151,80
Holländischer Gulden (hfl)	0,286	0,256	0,2198
Belgischer Franc (bfr)	3,66	3,71	3,301
Luxemburger Franc (lfr)	0,14	0,14	0,130
Dänische Krone (dkr)	0,217	0,219	0,1976
Irisches Pfund (Ir£)	0,00759	0,00871	0,008552
Griechische Drachmen (Dr)	–	1,15	1,440
Spanische Peseta (Pta)	–	–	6,885
Portugiesischer Escudo (Esc)	–	–	1,393
Erläuterung: Um den Tageswert von 1 ECU z.B. in DM zu ermitteln, müssen alle im Währungskorb befindlichen festen Beträge nationaler europäischer Währungen zu ihrem jeweiligen Wechselkurs dieses Tages in DM umgerechnet und dann addiert werden. 1 ECU war z.B. am 1.2.1991 = 2,04899 DM, am 2.5.1991 = 2,05973 DM wert. Die DM hatte also in dieser Zeit – am ECU gemessen – leicht an Wert verloren.			

Quelle: Statistische Beihefte zu den Monatsberichten der Deutschen Bundesbank, Reihe 5, Die Währungen der Welt, Mai 1991, S. 72 u. Tabelle 13.

ERE als ECU-Vorläufer

Die ECU war 1979 nicht willkürlich vereinbart worden. Sie hatte mit der sog. Rechnungseinheit der EG (RE) einen Vorläufer, der mit der Gründung der EWG festgelegt worden war, um einen gemeinsamen Wertmaßstab (z.B. für die Agrarpreisfestlegungen) zu haben. Diese RE war – man befand sich ja noch im sicheren Hafen der IWF-Festkurse – von Goldgewicht und Wertfestlegung mit einem US-$ identisch.

Mit der zurückgehenden Bedeutung des US-$ als internationalen Reservemediums sowie der angesichts der flexiblen Wechselkurse unübersichtlich gewordenen Umrechnungskurse für die verschiedenen Agrarpreise in den Mitgliedsstaaten hatte der Europäische Rat beschlossen, die traditionelle RE durch eine „Europäische Rechnungseinheit“ (ERE) abzulösen; letztere sollte alle Beziehungen zum US-Dollar abbrechen und stattdessen aus einer Summe von Geldeinheiten der Mitgliedsstaaten, also aus einem Währungskorb, bestehen. Eine internationale Verknüpfung der ERE wurde auf die Weise hergestellt, daß die EG die ERE wertmäßig mit den Sonderziehungsrechten (SZR) des IWF gleichstellte. Der IWF hatte nämlich seine 1967 erstmals eingeführten SZR per 28.6.1974 auf einen Währungskorb mit 16 Währungseinheiten von IWF-Mitgliedern umgestellt (später wurde das SZR auf Korbbeiträge von fünf der wichtigsten IWF-Mitglieder festgelegt). Dabei wurde der Wert eines SZR auf 1,20635 US-$ angehoben; diesen Wert sollte auch eine ERE haben.

Betrachtet man den ursprünglichen DM-Anteil des ECU von 0,828, also 82,8 Pfennigen, oder den irischen Beitrag von 0,759 irischen Pennies, so stellt sich die Frage, nach welchen (wissenschaftlichen ?) Methoden internationale Organisationen derartige Beiträge bis auf mehrere Stellen hinter dem Komma festlegen. Dieser Gang einer Berechnung soll am Beispiel der ECU-Erstbestimmung von 1979 nachgezeichnet werden. Da angesichts der aktuellen Vertragslage (Inkrafttreten des Maastrichter Abkommens am 1.11.1993) die ECU zum ersten gemeinsamen europäischen Geld werden soll, läßt sich dieser genauere Blick rechtfertigen.

Die EG-Kommission ging 1979 davon aus, daß ECU und ERE wertmäßig identisch sein sollen und diese wiederum einem SZR entsprechen. Um die Zusammensetzung von ERE (bzw. ECU) in Einheiten der Mitgliedswährungen zu bestimmen, benutzte die Kommission den belgischen Franken (bfr) als Schlüsselwährung. (Dennis, S. 199) Da 1 SZR = 1 ERE = 1,20635 US-$ sein sollte, wurde über einen bestimmten Zeitraum der Wechselkurs des bfr gegenüber dem Dollar beobachtet; als Ergebnis wurde festgestellt, daß 1,20635 US-$ den Wert von 45,8564 bfrs haben. Der Durchschnittskurs des bfr zur D-Mark wiederum betrug in der Referenzperiode durchschnittlich 1 DM = 15,265 bfrs. Da vorher der deutsche Anteil an der ERE bzw. dem ECU als Ergebnis von Sozialprodukt, Handelsvolumen und allgemeiner „Größe“ auf 27,3% festgelegt worden war, mußte man 27,3% des bfrs-Wertes der ERE ermitteln (= 12,5188 bfrs). Bei oben angegebenen DM-Kurs des bfr von 15,265 sind diese 82,8 Pfennige wert.

Dieselben Rechenoperationen wurden mit dem französischen Franc (Korbanteil von 19,5%), dem Pfund (17,5%) usw. durchgeführt. Die auf diese Weise ermittelten Anteile in EG-Mitgliedswährungen addierten sich zu einem Gesamtwert der ERE, die einem SZR wertgleich war. Später entwickelten sich ERE/ECU und SZR wertmäßig auseinander.

DM als „Ankerwährung“

Die bislang dargestellte zentrale Bedeutung des ECU für die Funktionsweise läßt die Frage aktuell werden, welcher Zusammenhang zwischen dieser Korbwährung und der D-Mark als „Ankerwährung“ in Europa besteht. Als 1993 belgische Professoren im Zusammenhang mit den Turbulenzen innerhalb des EWS ihre Notenbank aufforderten, den „belgischen Franc von der D-Mark zu lösen“ (Handelsblatt, 27.8.1993), ernteten sie eine sofortige Zurückweisung der Nationalbank, die im Gegensatz dazu betonte, daß die Anbindung des belgischen Franc an die D-Mark weiterhin uneingeschränkt Bestand habe, und zwar „nicht um des Prinzips willen, sondern wegen rationaler Motive im spezifisch belgischen Kontext.“ (ebda.) Eine ähnliche Politik führten alle anderen EG-Mitglieder sowie – damals noch außerhalb der EU – Österreich und skandinavische Länder durch. Das spricht eher dafür, daß nicht die ECU, sondern mit der D-Mark die nationale Währung eines Mitgliedsstaats die zentrale Rolle spielte, obwohl gerade das nicht vorgesehen war, wie die Konstruktionen von RE, ERE und ECU veranschaulichen.

Das Problem einer Leit- oder Ankerwährung entsteht, wie De Grauwe (S. 111) deutlich gemacht hat, im „so-called n-1 problem.“ Wenn beispielsweise n = 3 ist, also drei Staaten mit ihren jeweiligen Währungen ein Festkurssystem bilden, dann gibt es nur n-1 von einander unabhängige Wechselkurse. Sind diese Länder beispielsweise Deutschland, England und Frankreich, dann gibt es aus deutscher Sicht einen Pfund-Kurs von beispielsweise 2,40 DM/Pfund und einen Franc-Kurs von z.B. 0,30 DM/Franc. Der Kurs von Pfund und Franc zueinander von 8 ffrs/Pfund ist dann durch die jeweiligen DM-Paritäten (8 ffrs = 2,40 DM = 1 Pfund) determiniert, also nicht mehr unabhängig zu entscheiden.

Etwas anderes wäre wirtschaftlich unsinnig. Sollte die Banque de France stattdessen einen Pfundkurs von 10 ffrs/Pfund durchsetzen wollen, lohnte es sich für jeden Devisenhändler, z.B. 1 Mill. Pfund in 10 Mill. ffrs umzutauschen. Diese sind wiederum 3 Mill. DM wert, die sich in 1,25 Mill. Pfund umtauschen lassen. Für diese erhielte der Devisenhändler 12,5 Mill. ffrs, die er gegen noch mehr DM einwechseln könnte, so daß seine Pfundguthaben noch weiter anstiegen usw.: Eine offensichtlich unsinnige Marktkonstellation.

Entwicklung der ECU, des SZR und des US-Dollars in D-Mark

Monatsdurchschnitte

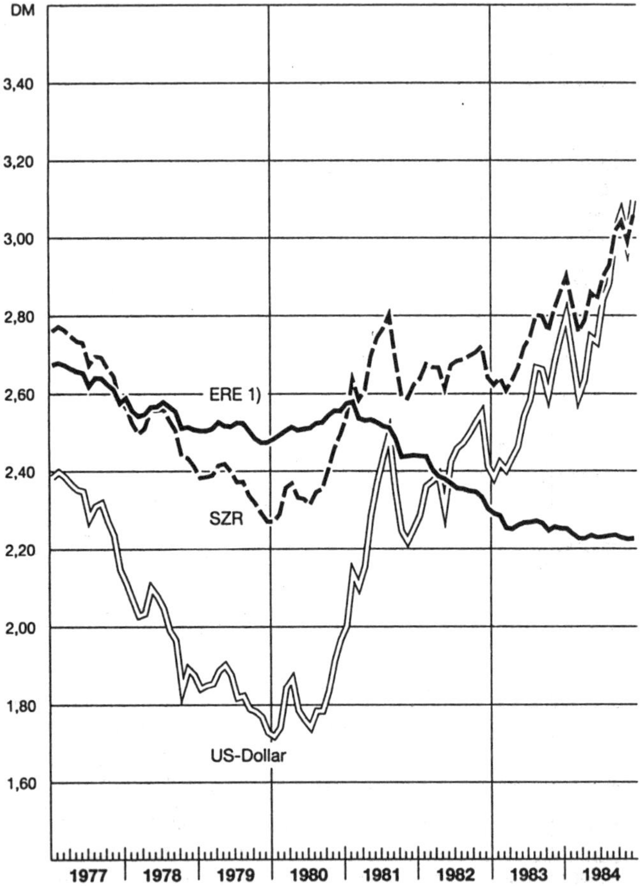

1) Die mit der Inkraftsetzung des EWS im März 1979 eingeführte ECU wird seit 1. Januar 1981 in allen Bereichen der Gemeinschaftspolitik verwendet. Sie war in ihrem Wert und in ihrer Zusammensetzung identisch mit der 1975 eingeführten ERE, die bis Ende 1980 noch in mehreren Gemeinschaftspolitiken verwen-

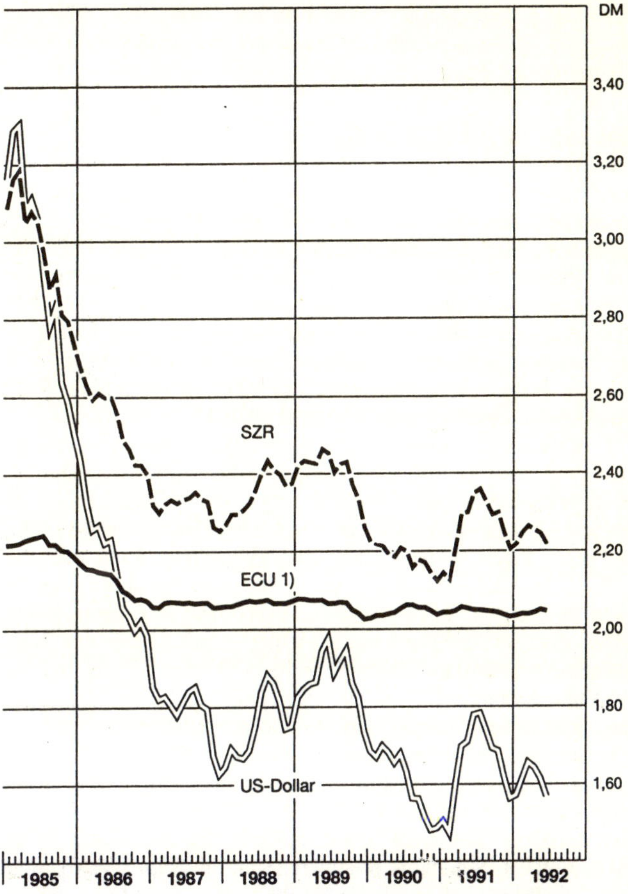

det wurde. Der ECU- (bzw. der ERE-) Korb wurde so zusammengesetzt, daß am Stichtag 28. Juni 1974 Wertidentität zwischen der ECU (bzw. der ERE) und dem SZR bestand (1 ECU/ERE = 1,20635 US-$). Mit Wirkung vom 17. September 1984 wurden die Währungsbeträge des ECU-Korbes neu festgesetzt. BBk

Die Konsequenz dieser „n-1-Situation" liegt in dem zusätzlichen „Freiheitsgrad", über den das Währungssystem verfügt: Eine der Notenbanken ist frei, ihre Geldpolitik nach eigenen, in der Realität meist nationalen, Interessen zu betreiben. Alle anderen sind dann gezwungen, ihre Politiken dem Bemühen zu unterwerfen, unter den so gesetzten Bedingungen die vereinbarten Wechselkurse einzuhalten.

Gebrauch des Freiheitsgrades

Derselbe Tatbestand kann noch etwas konkreter bewiesen werden: Der Wechselkurs einer Währung wird auch als „äußerer Geldwert" bezeichnet, der seinerseits von der Entwicklung des „inneren Geldwerts", also der Geldentwertungs- (Inflations-) Rate, abhängt. Eine Notenbank muß daher zur Sicherung der Wechselkurse ihrer Währung dringendst darauf achten, daß diese nicht stärker inflationiert als die anderen Währungen im System; sie macht das durch strenge Kontrolle der Geldmenge im Inland. Dabei spielt die absolute Höhe der Inflationsrate nur eine untergeordnete Rolle: Wenn im Durchschnitt die Geldentwertung 3% beträgt, dann sollte die Währung, die unveränderte Wechselkurse haben will, ebenfalls nicht mehr als 3% inneren Wertverlust aufweisen. Dasselbe würde aber auch bei jeder anderen, sagen wir 10%igen, Inflationsrate gelten. Auch hier wird der zusätzliche Freiheitsgrad sichtbar: Um ein stabiles Wechselkurssystem zu sichern, kann man eine Zielrate der Geldentwertung frei bestimmen. Ist diese aber gewählt, sind alle Notenbanken gezwungen, diese Rate einzuhalten.

Dasselbe gilt für eine weitere wichtige Einflußgröße der Wechselkursbestimmung, die jeweils vorherrschenden Zinsen. Bei freiem Kapitalverkehr führen Zinsunterschiede zu Kapitalbewegungen – die Anleger suchen den Ort höchstmöglicher Erträge –, die sich auf den Devisenmärkten als Veränderungen der Nachfrage nach den Währungen der bevorzugten Anlageländer und damit als Wechselkursveränderungen darstellen. Notenbanken, die feste Wechselkurse zu sichern haben, müssen ihre Zinspolitik an den internationalen Standards orientieren, um die Kapitalbewegungen zu kontrollieren. Hier ist der Freiheitsgrad gleichfalls sichtbar, weil diese Politik bei jedem wählbaren Zinsniveau – seien es sieben oder zehn Prozent – gleichermaßen gilt. Hat die führende Notenbank ihr Zinsniveau bestimmt und damit den Freiheitsgrad aufgebraucht, müssen sich alle anderen Partner des Festkurssystems dieser Zinshöhe anpassen.

Diese Anpassung muß keineswegs punktgenau sein. Es können Zinsunterschiede fortbestehen, die das Risiko möglicher Abwertungen ausgleichen.

Im IWF hatte die amerikanische Notenbank, die „Fed“, mit dem US-$ diese Funktion ausgeübt – und damit prompt die Widersprüche hervorgerufen, daß ihre nationalstaatlich motivierte Geldmengen- und Zinspolitik den internationalen Erfordernissen der Partnerländer nicht entsprach. Als letztere nicht mehr mitmachen konnten/wollten, ging auch das IWF-Festkurssystem unter.

Wie geht das EWS mit dem „n-1-Problem“ um? Nicht viel anders als der IWF. Die Währung des Landes mit der größten Volkswirtschaft und der Notenbank mit der glaubwürdigsten Tradition einer erfolgreichen Antiinflationspolitik wuchs kontinuierlich in die Rolle der Schlüsselwährung hinein. Dort, wo die Notenbank dieses Landes in der vielfältigen Kombination von Geldmengen- und Zinsvorgaben „den Anker warf“, wurden die Inflationsraten und Zinshöhen bestimmt, die dann für alle anderen Festkurspartner die Vorgaben für die heimischen Notenbanken darstellten: Inflation wie die Ankerwährung und Zinsen, die zu keinen das Kurssystem gefährdenden Kapitalbewegungen Anlaß gaben.

Länder, die geringere Erfolge bei der Inflationsbekämpfung hatten und die mit Abwertungen rechnen mußten, könnten die Zinsen so weit über das gesetzte Zinsniveau anheben, daß die Aufwertungswirkung des dadurch angeregten Kapitalzustroms den inflationsbedingten Abwertungseffekt kompensierte.

Es wird nach dieser allgemeinen Begründung deutlich, daß im EWS die D-Mark in die Rolle der „Ankerwährung“ hineingewachsen war. Die von der Bundesbank vorgegebenen Geldmengen- und Zinsziele waren der „Ankerwurf“, an dem das gesamte EWS festgezurrt war. Da die Bundesbank unverändert ihre Antiinflationspolitik verfolgte, bewegte sich das gesamte europäische Währungssystem in den Bereich sinkender Inflationsraten und niedrigerer Zinsen.

Obwohl die „Partner im EWS die D-Mark als 'Anker' für unverzichtbar“ (Handelsblatt, 27.8.1993) hielten, wurde der Bundesbank keineswegs die für Leitwährungen typische Kritik erspart, in Zeiten konjunkturellen Abschwungs das Inflationsziel für wichtiger zu halten als die Ankurbelung von Produktion und Beschäftigung. Letztere wirtschaftspolitische Ziele können nur bei niedrigen Zinsen, die die Investitionen verbilligen, erreicht werden. Dazu stand im klaren Widerspruch die Politik der Bundesbank, die

Geldmenge knapp und damit die Zinsen hoch zu halten, um die aufkommende Geldentwertung von vornherein abzuwehren. Die Frage ist hier – wie bei der Rolle des US-$ im IWF – zu stellen, wie lange sich die Partner des Währungssystems auf diese asymmetrische Lösung einlassen: Die Bundesbank setzt den Anker und die anderen müssen, ob gefragt oder nicht, die Anpassungspolitik betreiben.

In dieser Asymmetrie liegt ein potentieller Anlaß, das gesamte Währungssystem zu sprengen. Um dieser Gefahr zu entgehen, müßte die Rolle der Bundesbank von der Gemeinschaft insgesamt wahrgenommen werden. Dazu müßte die EU ein gemeinsames, von einer ebenfalls gemeinsamen Notenbank nach dem Vorbild der Bundesbank bewirtschaftetes Geld schaffen. Dies genau ist eines der wesentlichen politischen Ziele, die mit der beabsichtigten Währungsunion 1997/1999 erreicht werden sollen.

Die Frage bleibt, warum nicht der ECU die Rolle der D-Mark als gemeinsamer Ankerwährung eingenommen hat? Die Antwort ist theoretisch eindeutig: Der ECU ist keine eigenständige Währung, sondern ein Korb aus dem Geld der EWS-Partner. Damit kann er das „n-1-Problem" nicht lösen, weil der ECU für sich keine Geldmengen- und Zinspolitik begründet, mit der der n-te Freiheitsgrad des Währungssystems zu besetzen wäre. Entscheidend für eine Ankerwährung ist somit nicht die Währungseinheit, sei es Dollar, Mark oder ECU, sondern die Glaubwürdigkeit und Kompetenz der Politik der hinter dieser Währung stehenden Zentralbank. Und genauso sieht das die Praxis.

c. *Die Regelung der gegenseitigen Hilfe.* *Interventionsverpflichtungen innerhalb des „EFWZ"*

Währungspolitische Zusammenarbeit auf der Grundlage fester Wechselkurse setzt zwingend voraus, daß Interventionsmechanismen geschaffen werden, um die sich auf den Devisenmärkten täglich neu bildenden Wechselkurse innerhalb der politisch bestimmten engen Bandbreiten zur den fixierten Paritäten zu halten. Theoretisch müssen die Notenbanken dann nicht mit Abweichungen von den fixierten Kursen rechnen, wenn

- diese so präzise festgestellt wurden, daß sie die tatsächlichen Marktgegebenheiten genau treffen, und
- die Wirtschaftspolitik der Partner des Wechselkurssystem so aufeinander abgestimmt ist („Konvergenz"), daß sich die betei-

ligten Volkswirtschaften im Hinblick auf Wachstum, Arbeitsmarkt, Geldwertstabilität und Zinsniveau gleichgerichtet entwickeln.

Zwar könnten auch in dieser idealen Welt aufgrund externer Gründe Devisenspekulationen und damit Angriffe auf das Festkurssystem auftreten, die ausgleichende Interventionen angezeigt sein ließen. Die Wahrscheinlichkeit wäre jedoch gering, daß destabilisierende Angriffe Erfolg hätten.

Die Realität in der EG entsprach trotz der bereits erzielten Fortschritte bei der Zusammenarbeit der Partner und der damit erreichten Konvergenz keineswegs dem Idealzustand. Für die EG führte daher kein Weg an der Notwendigkeit vorbei, Devisenmarktinterventionen vorzubereiten, um die vereinbarten Wechselkurse verteidigen zu können.

Einrichtung des EFWZ

Die Geburtsstunde der EG-Interventionspolitik schlug mit der Abkoppelung vom IWF und der Schaffung einer eigenen Zone währungspolitischer Stabilität. Am 21.3.1972, als der EG-Ministerrat die Errichtung eines Europäischen Wechselkursverbundes beschlossen hatte, hatte er konsequenterweise gleichzeitig den *„Europäischen Fonds für währungspolitische Zusammenarbeit“* (EFWZ) eingerichtet. Dieser stand dann bereit, die Paritäten der EG-Währungen in den engen Bandbreiten zu halten, die sich die Europäer selbst gesetzt hatten. Damit sollte, wie oben bereits erläutert, verhindert werden, daß die vom IWF vereinbarte Ausweitung der Bandbreiten zum US-$ auf 4,5% zu einem doppelt so großen Schwankungsintervall der EG-Währungen zueinander führt. Mit anderen Worten, das gemeinschaftliche Kursband der Europäer zum Dollar („Schlange“) bewegte sich in engeren An- und Verkaufsgrenzen („Tunnel“). Im Jargon der Währungspolitiker hieß das „Schlange im Tunnel“.

Als der Dollarkurs am 19.3.1973 allgemein freigegeben worden war, wurde „das bestehende innergemeinschaftliche Wechselkurssystem als Gruppenfloating gegenüber dem Dollar und Drittwährungen im Prinzip unverändert aufrechterhalten. Praktisch bedeutete das, daß der Dollartunnel entfiel, der bis dahin die Bewegungen der Schlange begrenzt hatte.“ (Deutsche Bundesbank, 1992 a, S. 283) Das europäische Festkurssystem existierte somit ohne den allgemeinen Schutz des IWF, so daß es auf sich selbst gestellt die

Kurse verteidigen mußte. Dafür standen die EG-Notenbanken und -Regierungen, unterstützt vom EFWZ, bereit.

Es ist nicht notwendig, alle Entwicklungsphasen des EFWZ und die Technik der Interventionsschritte zu beschreiben. Wichtig ist zu wissen, daß der EFWZ ähnlich wie der Reservefonds des IWF aus auf ECU lautenden Übertragungen von 20% der aus US-$ und Gold bestehenden nationalen Währungsreserven der EG-Zentralbanken bestand. Je nach Goldpreis und Dollarkurs bewegte sich der Gesamtbetrag zwischen 23 Mrd. und 56 Mrd. ECU. (Deutsche Bundesbank, 1992 a, S. 302) Der EFWZ wurde bei der Baseler „Bank für Internationalen Zahlungsausgleich" (BIZ) angesiedelt. Seine Aufgaben hat das *„Europäische Währungsinstitut"* (EWI), in Frankfurt/M. am 1.1.1994 übernommen.

Obligatorische und intramarginale Interventionen

Die zur Kursverteidigung notwendigen Interventionen auf den Devisenmärkten werden grundsätzlich unterteilt in

- *obligatorische* Interventionen, die erforderlich sind, wenn die oberen bzw. unteren Interventionspunkte einer EG-Währung gegenüber einer Partnerwährung erreicht sind. Hier „erzwingt" der Markt den Eingriff, der darin besteht, daß die Notenbank der starken Währung die ihr angebotene schwache Währung aufkauft. Gleichzeitig verkauft die Notenbank mit der schwachen Währung Bestände starker Währungen. Damit wird die schwache Währung vom Markt genommen, ihr Angebot verknappt sich wieder, wodurch der Kurs innerhalb der Bandbreite verbleibt. Wo die Interventionspunkte liegen, läßt sich leicht dem „Paritätengitter" entnehmen, und
- *intramarginale* Interventionen, die zu beobachten sind, wenn die Notenbanken ihrerseits der Meinung sind, schon vor Erreichen der Interventionspunkte reagieren zu sollen. Der Sinn liegt darin, schon im Vorfeld, also zur Vermeidung „spekulativ bedingter Selbstverstärkung einer Kursbewegung" (Deutsche Bundesbank, 1992 a, S. 305) einzugreifen. Dazu muß allerdings die Zustimmung der Notenbank eingeholt werden, mit deren Zahlungsmittel interveniert werden soll: Die intramarginalen Interventionen wirken auch auf das Land zurück, mit dessen Währung in die Devisenmärkte eingegriffen wird. Durch die Interventionen erhöhen sich die zirkulierenden Mengen dieses Geldes, was inflationsfördernde Wirkungen entfalten kann.

Da jedoch die D-Mark eine der am meisten gebrauchten Interventionswährungen war, „hatte die Bundesbank im April 1991 ihren EWS-Partnern zugestanden, innerhalb bestimmter Grenzen ausnahmsweise ohne vorherige Absprache in D-Mark zu intervenieren." (Deutsche Bundesbank, ebda.)

Die möglichen Erfolge stabilisierender Interventionen der Notenbanken hängen nicht nur davon ab, ob weitere wirtschaftspolitischen Maßnahmen ergriffen werden – was nützte der Versuch, den Wechselkurs einer Währung zu halten, wenn die Ursachen der Kursschwäche, eine überdurchschnittliche Inflationsrate, unverändert fortbestehen? Wichtig ist auch, ob das Volumen des für Devisenmarkteingriffe zur Verfügung stehenden Geldes so groß ist, daß spekulative Attacken glaubhaft abgewehrt werden können. Im gewissen Sinne bestand ein Verhaltensmuster, das von der Militärpolitik gemeinhin als „Abschreckung" bezeichnet worden wäre.

Kredithilfen

Im Rahmen der Regelungen für die gegenseitige Hilfe (hauptsächlich bei obligatorischen Interventionen) hat die EG drei Arten von Kreditmöglichkeiten („Fazilitäten") vereinbart. Diese bestehen in zwei Fällen unmittelbar zwischen den Notenbanken der EWS-Mitglieder, in einem weiteren Fall erscheinen diese Hilfen als ein von der EG-Kommission ausgehendes Beistandsversprechen gegenüber den Mitgliedern, die unter Interventionsdruck stehen.

Als *erste* ist die beeindruckendste dieser Fazilitäten zu erwähnen, die Verpflichtung der Notenbanken, bei Erreichen der Limitkurse in unbegrenzter Höhe in Gemeinschaftswährungen zu intervenieren. Im Rahmen der sog. *sehr kurzfristigen gegenseitigen Kreditgewährung* können die Notenbanken der EWS-Mitglieder in jeder erforderlichen Höhe diejenigen Partnerwährungen erhalten, mit denen sie auf den Devisenmärkten eingreifen müssen. Wenn beispielsweise die Banca d'Italia, die italienische Zentralbank, drei Milliarden D-Mark benötigte, um den Lira-Kurs gegen eine spekulative Attacke zu verteidigen, so mußte sie die Bundesbank als Herausgeberin der DM (die „Emissionszentralbank") davon in Kenntnis setzen. Im Rahmen des sehr kurzfristigen Finanzierungsabkommens stellte die Bundesbank der Banca d'Italia daraufhin eine entsprechende Gutschrift zu Verfügung, womit diese auf den Devisenmärkten intervenierte. Bundesbank und Banca d'Italia teilten dieses Kreditgeschäft dem EFWZ mit, bei dem alle Zentralbanken auf ECU lautenden Konten unterhielten. Der DM-Betrag wurde zum Tageskurs in ECU umgerechnet; die

Banca d'Italia erhielt eine Lastschrift, die Bundesbank eine entsprechende Gutschrift. Wie bei einem privaten Gehaltskonto mußten Zinsen gezahlt werden, wenn ein Land sein Konto beim EFWZ überzog.

Das Komfortabilität dieses sehr kurzfristigen Kreditfazilität besteht in der multilateralen Verwendungbarkeit von Guthaben. Die Banca d'Italia brauchte zwar drei Mrd. DM, sie konnte jedoch noch Guthaben aus anderen Geschäften haben. Diese wurden dann mit dem erhaltenen Kredit verrechnet, so daß der Saldo als Differenz zwischen Einnahmen und Ausgaben deutlich niedriger sein konnte. Andererseits war vorstellbar, daß Deutschland auf seinem Konto beim EFWZ einen Fehlbetrag wegen einer Kredithilfe durch die Banque de France hatte. Dieser Fehlbetrag konnte mit Hilfe der Gutschrift für den Kredit an Italien ausgeglichen werden.

Die im Rahmen des sehr kurzfristigen Beistand gewährten Kredite müssen innerhalb von dreieinhalb Monaten zurückgezahlt werden. Es bestehen begrenzte Möglichkeiten, die Zahlungsfristen zu verlängern.

Als *zweites* Verfahren der Kreditgewährung besteht der sog. *kurzfristige Währungsbeistand*, der ebenfalls zwischen den Notenbanken der EWS-Mitglieder abgewickelt wird.

Diese Hilfen bedürfen eines Beschlusses der EG-Zentralbankpräsidenten. Die Hilfe ist zu gewähren, wenn ein Zahlungsbilanzdefizit aufgrund „zufälliger Schwierigkeiten oder unterschiedlicher Konjunkturentwicklungen“ (Deutsche Bundesbank, 1992 a, S. 312) entstanden ist, woraufhin die Währung des Defizitlandes unter Abwertungsdruck steht.

Bei dieser Kreditlinie wurden Höchstbeträge vereinbart, wobei noch zwischen Schuldnerquoten (Höhe des Kreditanspruchs, den jede Notenbank hat) und doppelt so hohen Gläubigerquoten (Höhe der Verpflichtung, Kredite zu gewähren) unterschieden wird. Die Höhe aller Schuldnerquoten beträgt 17,2 Mrd. ECU, die der Gläubigerquoten 26,6 Mrd. ECU. Die höchsten Schuldnerquoten mit je 1,74 Mrd. ECU haben Deutschland, England und Frankreich; deren Gläubigerquoten liegen jweils bei 3,48 Mrd. ECU. Über die kleinste Quote verfügt die „Central Bank of Ireland“ mit 100 (bzw. 200) Mill. ECU.

Um diesem System etwas mehr Flexibilität zu geben – was es aber gleichzeitig kompliziert –, wurden sog. *Rallongen* vereinbart. Hierbei handelt es sich um nicht zugewiesene Schulder- und Gläubigerquoten von jeweils 8,8 Mrd. ECU. Wenn also „Not am Mann“ war, konnte eine Zentralbank zusätzlich zu ihrer Schuldnerquote noch die halbe Rallonge erhalten: Deutschland somit 1,74 Mrd. ECU im Rahmen der Schuldnerquote zuzüglich 4,4 Mrd. ECU als halbe Schulderrallonge, also insgesamt 6,14 Mrd. ECU. Die Kreditgewährungspflicht ist höher: Die Gläubigerquote von 3,48 Mrd. ECU kann um die gesamte Gläubigerrallonge von 8,8 Mrd. ECU erweitert werden, sodaß die Bundesbank Finanzierungsleistungen bis maximal 12,28 Mrd. ECU (23,5 Mrd. DM) als kurzfristigen Währungsbeistand erbringen müßte.

Die Kredite haben grundsätzlich eine Laufzeit von drei Monaten, wobei zweimalige Prolongationen um jeweils drei Monate möglich sind. Auch hier wurden EFWZ bzw. EW als Verwalter dieser Kreditgeschäfte tätig, die Gut- und Lastschriften sowie die Verzinsungen regelten.

Eine *dritte* Interventionsvariante wurde in Form eines *„mittelfristigen finanziellen Beistands"* zwischen den Mitgliedsländern (nicht den Zentralbanken) vereinbart. Der Zweck war, Mitgliedsstaaten mit Zahlungsbilanzproblemen Darlehen mit Laufzeiten von zwei bis fünf Jahren einzuräumen. Weiterhin wurde das Instrument einer „Gemeinschaftsanleihe" eingeführt, mit dem die EG Finanzkapital auf den Kapitalmärkten aufnimmt, um damit einzelnen Mitgliedsstaaten zu helfen. Mittelfristiger Beistand und Gemeinschaftsanleihe wurden 1988 zum „einheitlichen System des mittelfristigen Beistands" verbunden: Der Gesamtbetrag dieser Hilfen ist nach oben begrenzt; die EG-Mitglieder werden je nach Größe zu den sog. Plafonds für die ausstehenden Kapitalbeträge herangezogen. Das ist insbesondere dann der Fall, wenn die erforderlichen Gelder auf dem Wege der Anleihebegebung nicht beschafft werden konnten.

Der Gesamtbetrag aller Interventionshilfen kann wegen der unbegrenzten sehr kurzfristigen wechselseitigen Hilfen nicht genau benannt werden. Er ist so umfangreich, daß damit alle „willkürlichen", also nicht durch eine tatsächliche Schwäche der Währungen begründete Spekulationen abgewehrt werden konnten.

Unzureichend müßten diese Hilfen sein, wenn sie in Fällen eingesetzt würden, für die sie nicht konstruiert wurden. Das wäre der Fall, wenn sich Wechselkursveränderungen ankündigten, die ihre Ursache in der divergierenden Wirtschaftsentwicklung der EWS-Mitgliedsstaaten (insbesondere dauerhafte Unterschiede bei den Inflationsraten) hatten.

d. *Die politische Bedeutung der Kurs-„Realignments": Wer zu spät kommt, den bestrafen die Devisenmärkte.*

Solange die nationalen Währungen der EWS-Mitgliedsstaaten weiterhin bestehen und von den jeweiligen nationalen Zentralbanken geldmengen- und zinspolitisch gesteuert werden, werden gelegentliche Kursanpassungen dann nicht zu vermeiden sein, wenn sich die Teilnehmerländer wirtschaftlich auseinanderentwickeln. Das wird insbesondere dann der Fall sein, wenn die Inflationsratenunterschiede nicht nivelliert werden können. Ebenfalls werden insbesondere unterschiedliche Wachstumsraten des Volkseinkommens, ungleiche Entwicklungen der Zinsen bei kurz- oder langfristigen Krediten und der Umfang der Staatsverschuldung Einfluß auf die Wechselkurse ausüben.

Festkurssysteme sehen daher grundsätzlich Kursanpassungen vor. Das Hauptbemühen der Vertragspartner bei der Gestaltung des Kurssystems war sowohl beim IWF wie beim EWS die Kampfansage gegen einseitige Wechselkursänderungen, mit denen handelspolitische Vorteile gegenüber den Partnern des Kursverbundes erzielt werden sollten.

Realignments

Das EWS läßt daher gleichfalls Wechselkursanpassungen ausdrücklich zu. Kursänderungen erscheinen als Veränderung der bilateralen Leitkurse („Realignment") des Paritätengitters. Diese so geänderten bilateralen Kurse (also der Kurs der D-Mark gegenüber dem bfr, bzw. der Kurs der dänischen Krone gegenüber der italienischen Lira, usw.) ergeben dann die neuen ECU-Leitkurse.

Davon ist zu unterscheiden die grundsätzlich in Fünfjahresabständen vorzunehmende Anpassung der Korbzusammensetzung der ECU an die geänderten wirtschaftlichen Gewichte der EWS-Partner. Bei Wechselkursänderungen bleiben die Korbmengen der nationalen Währungen, als deren Summe sich eine ECU ergibt, unverändert. Es ändern sich nur die Werte dieser Geldmengen, so daß sich damit der Wert der ECU gegenüber jeder Teilnahmewährung ändert: Die ECU wird wertvoller aus der Sicht des abwertenden Landes; er büßt Teile seines Wertes ein, wenn man sie aus dem Blickwinkel eines Landes betrachtet, dessen Währung aufgewertet wurde. Letzteres war bislang die Sicht aus der Perspektive der DM, so daß die Wertentwicklung der ECU (auch unter Einschluß ihrer Vorgängerin, der ERE) kontinuierlich abwärts wies.

Die Verknüpfung im Paritätengitter hat zur Folge, daß sich neue bilaterale Leitkurse zwangsläufig auf alle anderen Kurse auswirken müssen. Wenn man beispielsweise annimmt, daß die spanische Pesete in zwei Schritten um jeweils fünf Prozent gegenüber der DM abgewertet wird (sich also zuerst nur der bilaterale Leitkurs DM/PTA ändert), müssen sich, wenn der Wechselkurs von DM und holländischem Gulden weiterhin Bestand haben soll, auch die Relationen zwischen Gulden und Pesete zweimal anpassen. Denkbar sind komplizierte Realignments, wenn einige Währungen um unterschiedliche Raten auf-, andere um verschiedene Prozentsätze abwerten. Hier werden dann völlig gewandelte bilaterale Leitkurse zu ermitteln sein.

Die grundsätzliche Aussage, die sich daraus ableiten läßt, stellt die Betroffenheit aller EWS-Partner bei jeder noch so isolierten Kursänderung in den Mittelpunkt. „Jede Veränderung der bilateralen Leitkurse einer Währung gegenüber allen anderen zieht eine Änderung der ECU-Leitkurse aller Währungen nach sich. Daher bedarf jedes Realignment im EWS der Zustimmung aller am System Beteiligten.“ (Deutsche Bundesbank, 1992 a, S. 307) Das wiederum war der gewollte politische Zweck von IWF und EWS: Die Beendigung des Einsatzes der Wechselkuse als destabilisierende Waffe im Wirtschaftskampf gegeneinander.

Die Rolle von Leitkursänderungen wandelte sich zudem mit dem Ziel, auf das das Festkurssystem hinsteuerte. Sollte die Fixierung der Wechselkurse in erster Linie dazu dienen, in einem komplizierten weltwirtschaftlichen Umfeld ein Element von Berechenbarkeit und Stabilität zu schaffen (wie es 1973 bei der Fixierung des Bandfloaten, der „Schlange“, aber auch 1978/79 bei der Einrichtung des EWS der Fall war, als die EG-Staaten währungspolitisch wieder zueinander fanden, nachdem die Hälfte aus dem Blockfloaten ausgestiegen war)? Oder wurden die Anforderungen anspruchsvoller, weil die Beteiligten das Festkurssystem als Vorläuferin einer umfassenden Währungsunion mit einheitlicher Währung begriffen?

Das EWS erlebte beide Phasen. Schon im ersten Jahr seiner praktischen Anwendung fanden zwei Realignments statt, die einmal die D-Mark (Aufwertung um 2%) und zweimal die dänische Krone (Abwertungen um 2,86 und um weitere 4,76%) betrafen. Bis zum Beginn der 90er Jahre gab es insgesamt zwölf Änderungen der Paritäten, wobei die letzten marktrelevanten am 12.1.1987 mit Aufwertungen von D-Mark, holländischem Gulden und belgisch-luxemburgischem Franc stattfanden. Betrachtet man den

Zeitraum seit Einführung der „Schlange“, so haben sich wichtige EG-Währungen gegenüber der D-Mark um etwa 50% (ffr), 70% (Pfund) bzw. 80% (Lira) abgewertet.

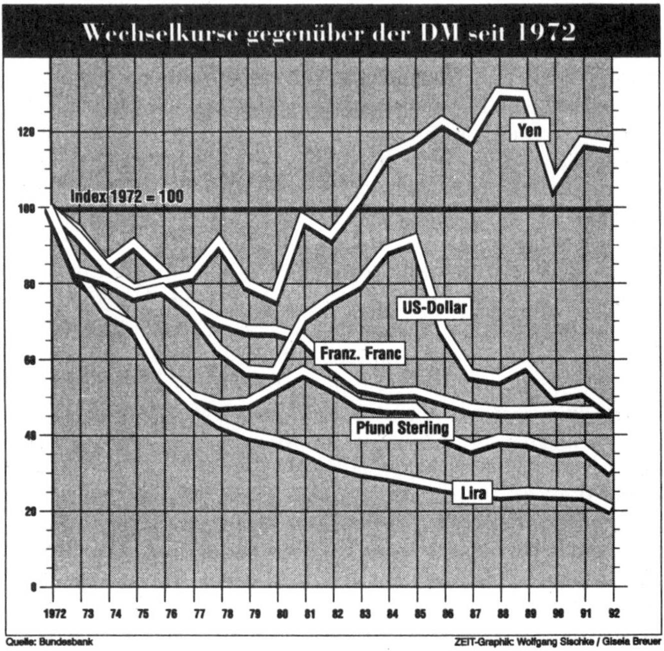

Quelle: Bundesbank
ZEIT-Graphik: Wolfgang Sischke / Gisela Breuer

Danach schloß sich eine lange Phase auch politisch gewollter Kursstabilität an.

Die Gründe dafür waren naheliegend. Mitte der 80er Jahre hatte die EG die aus damaliger Sicht vorläufig letzte Erweiterung (1986 mit Spanien und Portugal) hinter sich gebracht. Zudem konnten die Verhandlungen über die Einheitliche Europäische Akte mit der Fixierung des 1. Januar 1993 als Termin für den Übergang zum gemeinsamen Binnenmarkt erfolgreich abgeschlossen werden. Es wurde deutlich, daß sich die EG auf die Bildung der Europäischen Union mit Wirtschafts- und Währungsunion hinbewegen würde, so daß die Überzeugung vorherrschte, daß eine Währungsunion glaubhafter eingerichtet werden könnte, wenn ihr eine längere Zeit fester Kursrelationen vorausging.

Festkurse auf Dauer

Das schien eine willkommene Unterstützung der „monetaristischen“ Position zu sein: Der Zwang, die festen Kurse dauerhaft einzuhalten, bewirkte eine schnelle und wirksame Angleichung der Wirtschaftspolitik der Länder, die nur so dem Abwertungsdruck entgehen konnten. Tatsächlich hatten sich die Inflationsraten gemeinschaftsweit beachtlich zurückentwickelt. Als dann in Deutschland (insbesondere im Zusammenhang mit der deutschen Einheit und der zur Überwindung der Folgen der im Osten Deutschlands über Jahrzehnte praktizierten Politik einer sozialistischen Planwirtschaft notwendigen Zahlungsbewegungen) Geldmenge und Geldentwertung anstiegen, erzielten die traditionell höher inflationierenden südlichen EG-Mitglieder niedrige Inflationsraten als der traditionelle Musterschüler.

Die Rolle der „ökonomistischen“ Kassandra hatte in diesem Konzert die Deutsche Bundesbank übernommen, die immer wieder in Erinnerung rief, daß fortbestehende Unterschiede bei der Konvergenz irgendwann ein Kursrealigment erforderlich machen würden. „Gelingt es nicht, in angemessener Zeit mit den strukturellen Inflationsursachen fertig zu werden, so dürfte es auf Dauer immer schwerer werden, den Rückgriff auf Wechselkurskorrekturen zu vermeiden ... Ein Währungsverbund, der nicht auf dauerhaften Konvergenzfortschritten beruht, bleibt deshalb von Spannungen bedroht. Die Änderung der EWS-Leitkurse darf daher in den Übergangsphasen zur Wirtschafts- und Währungsunion nicht grundsätzlich ausgeschlossen werden.“ (Bundesbank, Geschäftsbericht 1990, S. 66) Mit anderen Worten, je länger die Partner eine Anpassung aufschoben, desto heftiger würde sie eintreten.

Destabilisierung durch Spekulation

Ein weiterer destabilisierender Faktor war das Marktverhalten internationaler, aber auch europäischer Kapitalanleger. Diese waren dazu übergegangen, zunehmend die Zinsdifferenzen zu ihren Gunsten auszunutzen, die es immer noch zwischen den einzelnen EWS-Mitgliedsstaaten gab und die man als einen Ausgleich für ein noch bestehendes Abwertungsrisiko ansehen konnte. Länder mit diesem Risiko gegenüber der D-Mark mußten höhere Zinsen anbieten, um internationale Anleger in ausreichendem Umfang zu behalten und mit deren Kapitalanlagen den Kurs der eigenen Währung innerhalb der Bandbreiten zu sichern. Abbau dieser Zinsunterschiede könnte zu Kapitalabfluß und Abwertungsdruck führen.

Realzinssätze in Europa im Vergleich*

*Zinssatz für Dreimonatsgeld abzüglich jährliche Veränderungsrate der Lebenshaltungskosten (in Prozent. Stand: Ende Juli 1993) Quelle: Economist

Angesichts der immer wieder beschworenen, quasi-endgültigen Stabilisierung der Wechselkurse als Vorbereitung auf die Währungsunion waren Kapitalanleger dazu übergegangen, in größerem Maße als bisher Kapital in den traditionell schwächeren Währungen anzulegen und die Zinsvorteile auszunutzen. Damit rechtfertigten sie zudem die Erwartungen, daß die Kurse stabil bleiben; der Kapitalzustrom unterstützte diese Währungen in ihrer Relation zur D-Mark. Das wiederum ermunterte weitere Anleger, ihr Kapital in ffrs, bfrs, Pfund, Lira, dänischen Kronen anzulegen.

Unterschiede im Konvergenzfortschritt, z.B. Inflationsratendifferenzen, bestanden fort. Hatte Deutschland von 1987 bis 1992 nach Angaben der Deutschen Bundesbank eine jahresdurchschnittliche Inflationsrate von 2,4%, so waren es in Frankreich 3,1%, Dänemark 3,4%, Italien 5,7%, Spanien 5,9% und England 6,0%. Unterschiede gab es auch beim sog. Finanzierungssaldo der öffentlichen Haushalte, also der jährlichen Unterdeckung der Staatsausgaben, und beim Stand der Staatsschuld insgesamt. Die Folge war, daß eine Reihe europäischer Währungen gegenüber der

D-Mark zunehmend stärker überbewertet wurde, wenn man als Maßstand dafür die Kaufkraft nimmt. Die Überbewertung war 1991 relativ hoch mit 8,5% in Dänemark, 10,6% in England, 18,8% in Italien und mit 27,4% in Spanien. Letzteres hieß, daß der D-Markkurs der Pesete 27,4% höher war als deren Kaufkraft.

Diese prekäre Situation wirkte wie eine Lunte, an die ein brennendes Streichholz gelegt werden mußte, um das Festkurssystem zu sprengen. Das brennende Holz erschien dann Mitte 1992 in Form der Ablehnung des Maastrichter Vertrages über die europäische Währungsunion durch ein Referendum in Dänemark. Da andererseits dieses Abkommen die Bedeutung einer „Verfassungsänderung" des EWG-Vertrages hatte, war die Ratifizierung durch alle Mitgliedsstaaten erforderlich. Machte ein Land nicht mit, müßte das gesamte Vertragswerk scheitern.

Devisenkurse[1]) und Kaufkraftparitäten[2])

		1991	1992	1993 1.Hj.	1993 2.9.[4])
Belgien	Devisenkurs	4.86	4.86	4.86	4.66
	Kaufkraftparität	4.89	4.96	5.03	5.05
	Über- bzw. Unterbewertung(−) [3])	−0.70	−2.15	−3.38	−7.78
Dänemark	Devisenkurs	25.93	25.87	26.03	24.22
	Kaufkraftparität	23.91	24.37	25.04	25.07
	Über- bzw. Unterbewertung(−) [3])	8.46	6.16	3.95	−3.38
Frankreich	Devisenkurs	29.41	29.50	29.56	28.45
	Kaufkraftparität	29.11	29.56	30.10	30.12
	Über- bzw. Unterbewertung(−) [3])	1.01	−0.20	−1.77	−5.57
Großbritannien	Devisenkurs	2.93	2.75	2.45	2.48
	Kaufkraftparität	2.65	2.66	2.72	2.71
	Über- bzw. Unterbewertung(−) [3])	10.62	3.41	−9.83	−8.52
Italien	Devisenkurs	1.34	1.27	1.07	1.03
	Kaufkraftparität	1.13	1.12	1.12	1.12
	Über- bzw. Unterbewertung(−) [3])	18.76	13.90	−4.40	−7.56
Niederlande	Devisenkurs	88.74	88.81	89.00	88.98
	Kaufkraftparität	91.05	91.30	93.28	93.37
	Über- bzw. Unterbewertung(−) [3])	−2.53	−2.72	−4.58	−4.70
Spanien	Devisenkurs	1.60	1.53	1.37	1.23
	Kaufkraftparität	1.25	1.23	1.23	1.23
	Über- bzw. Unterbewertung(−) [3])	27.39	23.92	10.99	−0.57
USA	Devisenkurs	1.66	1.56	1.63	1.65
	Kaufkraftparität	1.81	1.82	1.84	1.84
	Über- bzw. Unterbewertung(−) [3])	−8.26	−14.38	−11.58	−10.29

[1]) DM je 100 Währungseinheiten, ausgenommen Großbritannien (1 Pfund) und USA (1$). — [2]) Schätzung des DIW. — [3]) Überbewertung oder Unterbewertung (—) der fremden Währung in vH der Kaufkraftparität. — [4]) Kaufkraftparität vom 2. Quartal 1993.

Wiederentdeckung des Wechselkursrisikos

Dieses politische Ereignis führte mit den Worten der Bundesbank zur „Wiederentdeckung des Wechselkursrisikos". Kapitalanleger wollten das Kursrisiko schlagartig abdecken, „sei es im Wege des Umtauschs von Schwachwährungsanlagen, sei es durch Kurssicherungsoperationen oder auch Spekulationsgeschäfte." (Bundesbank, Geschäftsbericht 1992, S. 81) Die Folge waren derartig große Währungsturbulenzen, daß Italien die Lira am 13.9.1992 abwerten und am 16.9.1992 zusammen mit Großbritannien sogar völlig aus dem Festkursverbund des EWS ausscheiden mußte. Spanien wertete die Pesete am 16.9.1992 um 5% und wenig später erneut um 6% ab. Abwertungen erfuhr 1992 auch der protugiesische Escudo. Die Turbulenzen setzten sich 1993 fort und führten in diesem Jahr zur Zurücknahme der Leitkurse des irischen Punts, der Pesete und des Escudos.

Die Abwertungsspekulation gegen den französischen Franc konnte dagegen im Herbst 1992 abgewehrt werden, wobei die Deutsche Bundesbank Stützungskäufe von 92 Mrd. DM innerhalb eines Monats tätigen mußte. Dieser Betrag war höher als der Durchschnitt sämtlicher Devisenreserven, über die die Bundesbank üblicherweise verfügte. Er zeigt den großen Umfang an, den die Interventionsmaßnahmen innerhalb des EWS erreichen können.

Es zeigte andererseits aber auch, daß die Interventionsbereitschaft der Gläubigerbank, konkret der Bundesbank, mit erheblichen Verlusten verbunden sein kann. Da die Interventionen mit DM beim EWFZ als ECU-Forderung gegenüber der Notenbank erscheinen, deren in die Schwächephase geratene Währung jeweils unterstützt wurde, sind diese Kredite auch als ECU zurückzuzahlen. Wenn nun zwischen Kreditgewährung und Rückzahlung innerhalb von etwa drei Monaten doch eine Abwertung der gestützten Währung eintritt, ändert sich der Wert der ECU – sie fällt gegenüber der D-Mark, wertet sich gegenüber der Schwachwährung auf. „Hinzu kommt, daß zeitweilig aus dem Wechselkursverbund ausgeschiedene Währungen entsprechend ihrem Gewicht im ECU-Korb den ECU-Gegenwert aufgelaufener Schuldner- und Gläubigersalden beeinflussen. Gegenwärtig haben die nicht am Wechselkursmechanismus beteiligten Währungen einen Anteil von einem Fünftel am ECU-Korb. Sinkt der Marktwert der ECU zwischen Entstehung und Tilgung der interventionsbedingten Forderungen, erleidet die Gläubigernotenbank entsprechende Verluste." (Deutsche Bundesbank, Geschäftsbericht 1992, S. 86)

Die Konsequenz: Die Bundesbank macht einen Verlust im Umfang der ECU-Abwertung. Dieser mindert den Gewinn der Bundesbank und damit auch ihre Abführungen an den Bundeshaushalt.

Aber nicht nur die Bundesbank mußte intervenieren. Die Hauptanpassungslast traf die Zentralbanken der EWS-Mitglieder, deren Währung vom Abwertungsdruck getroffen warn. Wie das Beispiel Dänemarks zeigt, mußte die dänische Notenbank mit teilweise dramatischen Zinserhöhungen versuchen, das Finanzkapital im eigenen Land zu halten, um gegen die mit dem Kapitalabfluß einhergehenden Abwertungsschübe zu kämpfen.

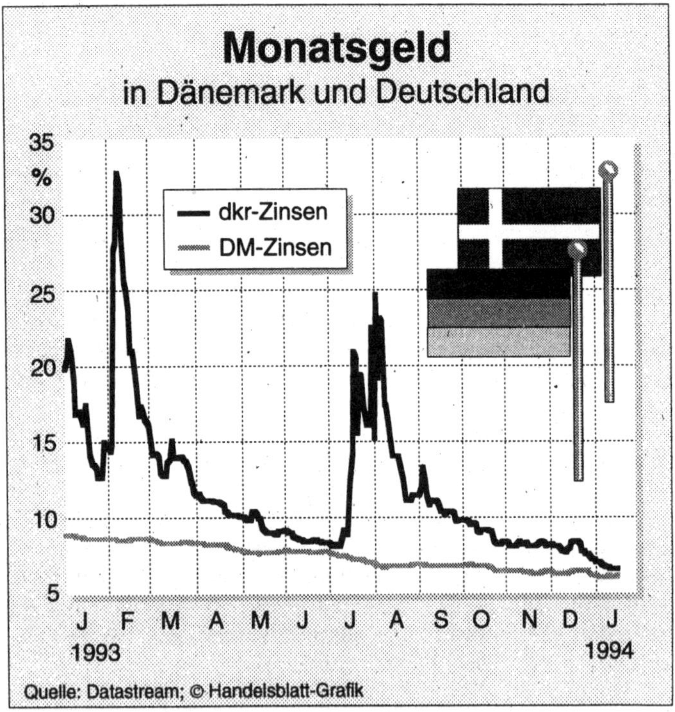

Im Höhepunkt der Spekulationswelle, Ende Juli 1993, entschieden sich die Mitgliedsstaaten des EWS, die engen Bandbreiten zum 2.8.1993 von 4,5% in beiden Richtungen auf 30% zu erweitern.

Das Festkurssystem wurde damit faktisch zugunsten flexibler Kurse suspendiert. Die Märkte konnten sich ihre eigenen Wechselkurse suchen, wobei anfangs erhebliche Abwertungen auftraten.

Devisenkassahandel der Deutschen Bundesbank
Pressenotiz der Deutschen Bundesbank, Frankfurt am Main, vom 2. August 1993

Die äußersten Kurse, zu denen die Deutsche Bundesbank vom 2. August 1993 an die Währungen der Länder Belgien, Luxemburg, Dänemark, Frankreich, Irland, Niederlande, Spanien und Portugal handelt, sind:

	Ankauf	Verkauf
100 belgische Francs	4,175	5,630
100 luxemburgische Francs	4,175	5,630
100 dänische Kronen	22,575	30,445
100 französische Francs	25,675	34,625
1 irisches Pfund	2,076	2,800
100 holländische Gulden	86,780	90,770
100 spanische Peseta	1,088	1,468
100 portugisische Escudo	0,871	1,174

Damit glaubten viele Politiker, daß die tatsächliche Entwicklung von 1992/93 den Maastrichter Vertrag endgültig überrollt hatte. Die Pläne für die Einführung einer Währungsunion sollten das Papier nicht wert sein, auf dem sie in vielen Sprachen gedruckt worden waren.

Die tatsächliche Entwicklung schien im Herbst 1994 jedoch andere Wege zu gehen. Viele der EWS-Währungen, die unter Abwertungsdruck standen, konnten die Leitkurse unverändert behaupten und sogar zu den alten engen Bandbreiten zurückkehren (bfr, ffr, dänische Krone), obwohl die erweiterte Marge von +/-15% weiterhin gilt. Andere Währungen, die abgewertet worden waren (Pfund, Pesete, Lira), behielten diese Werte unter den üblichen Schwankungen bei, was angesichts der 1994er Regierungskrise in Italien für die Lira nur zum Teil galt.

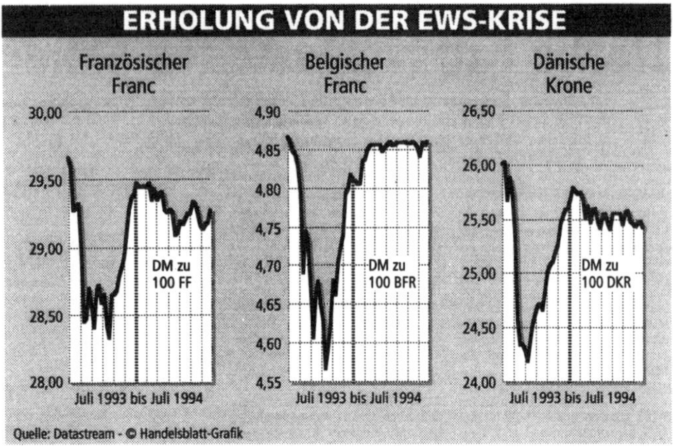

Und auch die Wirtschaftspresse der EG-Länder, die in kritischen Kommentaren das Europäische Währungssystem bereits für klinisch tot erklärt hatte, wurde zunehmend unsicher, ob ihre Prophezeiungen tatsächlich eintreten würden. Vielleicht ist die Währungsunion doch nicht tot („EMU may not be dead, after all", Financial Times, 1.8.1994)?

3. Auf der Schwelle zur Währungsunion

3.1 Warum eine Währungsunion?

a. Probleme des Status Quo

Die Frage, wie die EG als Integrationsraum selbständiger Volkswirtschaften mit der Ordnung ihrer Währungsbeziehungen umgeht, ist seit dem Inkrafttreten des Maastrichter Abkommens über die Errichtung einer Europäischen Wirtschafts- und Währungsunion (EWWU) am 1.11.1993 rechtlich hinreichend klar beantwortet. Diese Aussage gilt, auch wenn man von einigen unterschiedlichen Interpretationsmöglichkeiten über die Konvergenzkriterien, die Einführung von europäischen Zahlungsmitteln und die präzise Terminierung bei einer möglichen schrittweisen Ausdehnung der Währungsunion auf alle EU-Mitgliedsstaaten absieht. Diese Fragen, die u.a. auch das Problen einer unterschiedlichen Auslegung der eher allgemein gehaltenen Vertragsbestandteile und erläuternder Protokollvereinbarungen sind, werden später noch näher behandelt.

An dieser Stelle ist wichtig festzuhalten, daß die geplante Währungsunion die bestehenden nationalen Zahlungsmittel abschaffen und eine gemeinsame europäische Währung einführen wird. Diese wird dann von einer gemeinsamen europäischen Zentralbank verwaltet und im Hinblick auf inneren und äußeren Geldwert stabilisiert. Die ECU – sollte dieser Name endgültig beibehalten werden – wird damit einen entscheidenden Qualitätssprung erfahren: Von der Addition nationaler Geldmengen in einem Korb entwickelt sich die ECU zu einem regulären gesetzlichen Zahlungsmittel. Vorher war die ECU ohne eigenständigen Geldcharakter, weil die eigentliche Geldqualität allein ihre unterschiedlichen Bestandteile aus nationalen Geldbeiträgen besaßen, so daß der innere wie äußere Wert der ECU der Summe der nationalen Geldkomponenten entsprach. Nachher wird die ECU das gemeinsame Geld der Staaten der EU sein, wie der US-$ das gemeinsame Geld der Staaten der USA ist – mit eigener Zentralbank und eigener Geldpolitik, die über die Steuerung von Geldmenge und Zinsen den inneren wie äußeren Geldwert zu sichern hat.

Mit dieser Entscheidung waren die Staaten der EU integrationspolitisch konsequent: Man erkannte die besonderen Probleme, die sich aus dem EWS bei Fortbestehen der nationalen Geldeinheiten ergeben könnten. Diese bestanden nicht nur darin, daß mit der Eigenständigkeit der nationalen Gelder auch deren Wert gegenüber allen anderen Währungen unsicher blieb – man mußte also immer wieder mit Abwertungen rechnen, was die Wirtschaft zu Kurssicherungsgeschäften, damit Verteuerung und Behinderung des Warenaustauschs im Integrationsraum zwang.

Die Probleme lagen insbesondere auch in der *Asymmetrie der Geldpolitik*, weil mit der Deutschen Bundesbank eine der Notenbanken Herausgeberin der Ankerwährung war. Damit hatte diese das „n-1-Problem" für sich entschieden und die anderen Notenbanken des Integrationsraums faktisch verpflichtet, der Wechselkurs-, Geldmengen- und Zinspolitik der Ankerwährung zu folgen. Bei dieser Art der Aufgabenverteilung kam es zu erheblichen Konflikten mit den nationalen wirtschaftspolitischen Zielen anderer Staaten. Das war insbesondere in extremen Konjunkturlagen (Massenarbeitslosigkeit) zu beobachten, als die in der Abhängigkeit von der Ankerwährung erzwungene Geldpolitik den eigenen konjunkturpolitischen Erfordernissen entgegengesetzt war (kontraktive Geldmengenverknappung und Zinserhöhung, obwohl die Arbeitsmärkte eine entgegengesetzte, belebende Wirtschaftspolitik erforderten). Der öffentliche, wenn auch nicht offizielle Streit mit der abfällig „Bubak" genannten Bundesbank über die Zinspolitik in der EG Anfang der 90er Jahre kann hier als Beispiel gelten: Der einigungsbedingten Geldmengenexpansion in Deutschland hatte die Bundesbank zur Inflationsvermeidung eine Politik der Geldverknappung und Zinserhöhung entgegengestellt. Gift war das für die Arbeitsmarktpolitik von EWS-Partnern, die dringend niedrige Zinsen benötigten, um beschäftigungsaktive Investitionen zu fördern.

Die Konsequenz: Entweder blieb man auf halbem Wege der Währungsintegration stehen und begnügte sich mit dem EWS als „status quo ante" einer *unvollständigen* Währungsunion. Dabei hätte man in Kauf zu nehmen, daß die Abhängigkeit der EU-Partner von der nationalen Politik des Ankerwährungslandes bei Zuspitzung der Konflikte dazu führte, daß sich Mitgliedsstaaten zunehmend durch währungspolitische Des-Integration (z.B. Abbau der Freizügigkeit des Kapitalverkehrs; Devisenmarktkontrollen) aus dieser Abhängigkeit befreiten und wieder eigenständig Geldpolitik betrieben. Damit bestand jedoch die Gefahr, daß die

EU-Partner wieder mit einer unkoordiniertenen Ab- oder Aufwertungspolitik anfingen, was die erreichten Integrationserfolge und den Bestand der EU gefährdete. Die währungspolitische Desintegration könnte weiterhin zur Folge haben, daß man auch irgendwann wieder Handelskontrollen einführen müßte, um sich gegen die abwertungsbedingte Exportoffensive eines EU-Partners zur Wehr zu setzen. Dadurch wäre eine Dynamik des Zerfalls des Integrationsraumes in Gang gesetzt worden, die eine gewisse historische Parallelität zur fortschreitenden Desintegration der Weltwirtschaft in der Zwischenkriegszeit aufwies.

Oder man ging mit der Intensivierung der wechselseitigen Verflechtung bewußt den gegengesetzten Weg. Währungspolitisch gesprochen wird durch die ECU als gemeinsamer Währung das derzeit noch bestehende Wechselkursrisiko zwischen den Partnerwährungen der Währungsunion aufgehoben. Beseitigt wird auch die Asymmetrie der Geldpolitik; die gemeinsame Zentralbank nimmt der bisherigen Ankerwährung die Privilegien (oder strapaziösen Verpflichtungen, ganz wie man es sehen will) und erweitert die hauptsächliche Verantwortung für Stabilität von einem Mitgliedsstaat auf die gesamte Gemeinschaft.

b. „Kosten" einer Währungsunion

Die Einführung einer Währungsunion ist jedoch auch mit einer Reihe von Nachteilen verbunden, die man im Rahmen einer „Kosten-Nutzen-Analyse" als die „Kosten der EWU" ansehen kann. Es wird jetzt also geprüft, worauf sich die EU-Staaten mit dem Maastrichter Abkommen eingelassen haben. Dabei muß man jedoch betonen, daß die wissenschaftliche Auseinandersetzung insbesondere, wie De Grauwe (1992, Preface) betont, durch die Währungspolitik der EG seit Mitte der 80er Jahre angeregt erheblich zugenommen und nicht unbeachtliche Erkenntnisse hervorgebracht hat. Dabei sind fast mehr neue Fragen aufgetaucht als Antworten auf alte Probleme gefunden worden. Man kann daher noch nicht sagen, daß die Theorie der internationalen Währungspolitik in jeder Hinsicht über sichere Erkenntnisse verfügte, die die Wissenschaft den Regierungen ex cathedra mit Unfehlbarkeitsanspruch und verpflichtender Wirkung der Politik vorgeben könnte.

Ausgleich von Marktstörungen

Wie reagieren Volkswirtschaften, die miteinander Handel treiben, auf unerwartete Änderungen der heimischen Angebots- und Nachfragebedingungen?

Nehmen wir an, es hätte in einem Mitgliedsland (Deutschland) eine erhebliche Änderung der Lohnkosten (vergleichbar mit den zweistelligen Lohnerhöhungen Anfang der 70er Jahre) gegeben, ohne daß die Produktivität gleich schnell und stark erhöht werden konnte. Das Marktmodell zeigt, daß sich das Angebot (Verlagerung der Angebotskurve nach links) verteuern wird. Das führte angesichts der festen Wechselkurse unter den Bedingungen des EWS zu entsprechenden Preiserhöhungen deutscher Produkte auch in den anderen EU-Staaten. Die Konsequenz: Deutschlands Außenhandelsbilanz wird als Folge verringerter preislicher Wettbewerbsfähigkeit negativ; die D-Mark gerät unter Abwertungsdruck. Hielten die Bedingungen, die zu dieser Schieflage geführt hatten, dauerhaft an, würde die D-Mark abgewertet werden. Dadurch verbilligten sich deutsche Produkte im Ausland, während ausländische Waren im Inland teurer würden. Das Ergebnis wäre die Wiedergewinnung einer ausgeglichenen Handelsbilanz.

Nach Einführung der EWU und der Abschaffung nationalen Geldes stünde der Weg der Wechselkursanpassung nicht mehr zur Verfügung. Es gehört damit zu den „Kosten" der Währungsunion, daß den Nationalstaaten ein mögliches wirtschaftspolitisches Mittel (Kursänderungen) genommen wurde. Das sei, bezogen auf die EU, besonders nachteilig: Weil „die einzelnen Länder ein unterschiedliches Produktmix anbieten, nicht im selben Maße von Öleinfuhren abhängen und ihre Produkte auf verschiedenen Auslandsmärkten absetzen, sind sie von sehr unterschiedlichen Störungen betroffen." (Feldstein, S. 13)

Welche anderen Maßnahmen standen dann noch zur Verfügung? Im Grunde genommen blieb nur der harte Weg der Anpassung: Deutschland müßte versuchen, seine Wettbewerbsfähigkeit wiederzugewinnen. Das beste wäre es, auf privaten und staatlichen Konsum zu verzichten und stattdessen Investitionen vorzunehmen, um über Produktivitätssteigerungen und Marktinnovationen die gestiegenen Löhne auszugleichen. Diese Politik, wenn sie denn so ohne weiteres machbar wäre, würde nur auf längere Sicht wirken. Kurzfristig wird die wachsende internationale Verschuldung hingenommen werden müssen. Mit dem Verlust von Exportmärkten als Folge der Kostensteigerungen würde auf jeden Fall die Arbeitslosigkeit im Inland wachsen, was womöglich zu Korrekturen der vergangenen Lohnpolitik Anlaß gäbe.

In einer Wirtschafts- und Währungsunion kommt ein gewisser Ausgleich durch die Mobilität der Arbeit zustande; Arbeitskräfte verließen Deutschland, um anderswo Arbeit zu suchen. Sollte die Wirtschaftsunion auch ein gemeinsames soziales Netz vereinbart haben, so käme es zu einem Transfer von Unterstützungsleistungen nach Deutschland, was den durch die Arbeitslosigkeit bedingten Nachfragerückgang teilweise auffangen könnte.

Letzteres erinnert an die Anpassungsbedingungen innerhalb einer Volkswirtschaft, bei der es ja auch regionale Schwankungen der Beschäftigung geben kann. Als Beispiel lassen sich Beschäftigungseinbrüche aufgrund struktureller Anpassungsschocks (Kohlebergbau, Werften, Stahlindustrie) nennen. Anpassung durch Wechselkursänderung können diese Binnenregionen nicht leisten. Ausgleich gibt es hier durch die Sozialtransfers, durch direkte Hilfen der Zentralregierung, durch die Sparpolitik der Landesregierung und durch die Mobilität der Arbeitskräfte, die sich in anderen Bundesländern einen Arbeitsplatz suchen.

Es ist derzeit noch sehr fraglich, ob sich alle Anpassungen über die noch bestehenden nationalen Grenzen der EU erbringen lassen. Die Kritik an den hohen „Nettoleistungen" zugunsten der EU würde steigen, wenn ein Land erhebliche Zahlungen zur Finanzierung der Arbeitslosigkeit in einem anderen Land zu leisten hätte.

Bei der Abwägung der Erfolge bzw. Mißerfolge des Einsatzes der Wechselkurse als Instrument der Wirtschaftspolitik wird eine große Kluft zwischen praktischen Erfahrungen und den Aussagen der Theorie sichtbar. Letztere mißt dem sog. *Wechselkursmechanismus* – der „Hypothese vom selbsttätigen Ausgleich der Zahlungsbilanz über flexible Wechselkurse" (Glastetter, S. 389) bzw. über entsprechend häufige Anpassung fixierter Kurse – eine hohe Wirksamkeit bei. Nach Glastetter wird dieser Mechanismus nur durch gegenläufige Kapitalbewegungen oder destabilisierende Spekulationen beeinträchtigt. Die Erfahrungen der Praxis weisen jedoch eher daraufhin, daß Abwertungen grundsätzlich die Wettbewerbsfähigkeit nur für den begrenzten Zeitraum wiederherstellen, für den die Anpassung der Wechselkurse an die verminderte Produktivität einen Preisvorteil einräumt. Da die Abwertung mit der impliziten Erhöhung der Importpreise (die deutsche Ölrechnung würde angesichts der Weltmarktpreise in US-$ für den hiesigen Verbraucher viel höher, wenn die DM weniger wert ist) die

Inflationsratendifferenz eher ausweitet, ist abzusehen, wann die nächste Abwertung fällig wird.

Die Erkenntnis, daß Abwertungen mittel- und langfristig erfolglos sind, ließe den Beitritt zur EWU und den Verlust dieses Instruments kaum mehr als großes Opfer erscheinen. Die deutsche Wirtschafts-, Währungs- und Sozialunion vom 1.7.1990 hatte andererseits gezeigt, daß „Nicht-abwerten-zu-dürfen" im Rahmen der Währungsreform für die Industrie der damaligen DDR Preis- und Kostensteigerungen von 300 bis 400% mit sich gebracht hatte, was zu einem weitgehenden Zusammenbruch der unter den Bedingungen dieser Währungsunion nicht wettbewerbsfähigen Unternehmen führte.

De Grauwe (1992, S. 43) stellte andererseits in Fallstudien klar, daß gelegentliche Abwertungen, die mit weitergehenden stabilisierenden Maßnahmen verbunden waren, eine wesentliche Hilfe für eine schnelle Krisenbewältigung darstellten. Daher wird zusammenfassend gesagt werden müssen, daß die Verlust der nationalen Souveränität über die Kursgestaltung ein Zugeständnis ist, das Staaten durchaus negativ treffen kann.

Bekämpfung von Inflation und Arbeitslosigkeit

Der durch eine Währungsunion erzwungene Verzicht gegenseitiger Kursveränderungen kann auch eine Rolle für die Sicherung hoher Geldwertstabilität und Beschäftigung spielen.

Die traditionelle Lehre stellte die von der jeweiligen nationalen Wirtschaftspolitik erreichbare Beschäftigung und Inflationsbekämpfung in den sog. Phillips-Kurven dar. Danach verhielten sich Inflation und Arbeitslosigkeit invers: Gelang es, die Inflation durch eine Politik der Geldmengen- und Nachfragekontrolle zu beherrschen, so war das meist mit dem Anstieg von Arbeitslosigkeit verbunden. Umgekehrt führte die Belebungspolitik mit dem Ziel der Verringerung der Arbeitslosigkeit fast immer zu einer Ausweitung von Geldmenge, Investitionen und Konsumgüternachfrage mit der Folge eines Anstiegs der Inflation. Dabei war unverkennbar, daß die Länder eines Integrationsraumes wie der EG unterschiedliche Präferenzen hatten; manche gaben der Inflationsbekämpfung die Priorität, andere sorgten sich mehr um die Beschäftigung. Selbst aus Deutschland wird der Satz eines Kanzler berichtet, wonach 5% Inflation weniger bedenklich seien als 5% Arbeitslosigkeit.

Das Land mit der Priorität der Inflationsbekämpfung hat die grundsätzliche Möglichkeit, durch gelegentliche Aufwertungen seiner Währung die höhere Inflation des Auslandes vom Inland abzuwehren. Umgekehrt steht dem Land mit der Bevorzugung der Vollbeschäftigung das Mittel der Abwertung und damit der Exportförderung zur Verfügung. Beide Länder werden – wenn auch aus anderen Motiven – die Währungsunion als Verringerung ihrer wirtschaftspolitischen Möglichkeiten erleben. Sie müssen angesichts der gemeinsamen Unionswährung andere Mittel einsetzen, die innenpolitisch womöglich schwieriger durchsetzbar sind. Insofern ist der Einstieg in die Währungsunion für beide mit Kosten verbunden.

Die Kritik an der Phillips-Kurve hat mittlerweile zur nicht mehr bestrittenen Erkenntnis geführt, daß kein Land *langfristig* die Arbeitslosigkeit mit einer Erhöhung der Geldmenge überwinden kann. Daher fällt eine Politik des leichten Geldes als wirtschaftspolitisches Instrument aus, so daß der Verzicht darauf als Folge der EWU tatsächlich kein Opfer, keine „Kosten", darstellt. *Kurzfristig* können allerdings Wohlfahrtseinbußen entstehen, wenn ein Land seine Inflationsrate drastisch senken muß, um Mitglied der EWU werden zu dürfen. Dabei muß dann fast immer ein Anstieg der Arbeitslosigkeit hingenommen werden.

Der Zwang zur Inflationsbekämpfung als Zugangsvoraussetzung zur Währungsunion beinhaltet Kosten für das betreffende Land, wobei man natürlich fragen darf, ob angesichts der guten Gründe, die sich generell für eine Politik der Geldwertstabilität anführen lassen, tatsächlich von „Kosten" gesprochen werden kann. Ein Vergleich soll das veranschaulichen: Übertragen auf eine individuelle Person stellen die vom Arzt geforderten Einschnitte in die persönliche Lebensführung individuelle „Kosten" in einem weiteren Sinn dar. Schließlich muß man die vertrauten Ernährungsgewohnheiten zugunsten gesünderer Kost bei Alkohol- und Nikotinverbot umstellen. Andererseits hätte man das unabhängig von der ärztlichen Anordnung tun müssen, wenn man weiterhin am individuellen Ziel eines langen gesunden Lebens festhalten möchte. So kann der Einstieg in eine Währungsunion für ein Land der willkommene äußere Zwang sein, endlich eine Antiinflationspolitik im langfristigen Interesse aller durchzusetzen.

Institutionelle Unterschiede des Arbeitsmarktes

Ein weiterer Faktor sind die Unterschiede in der Organisation des Arbeitsmarktes, konkret bei der Art der Tariflohnbildung. Es gibt Länder mit hoch konzentrierten Gewerkschaften (wie die Industriegewerkschaften in Deutschland); es gibt aber auch eher berufsständisch organisierte, mittelgroße Gewerkschaften, wie sie insbesondere in England üblich waren.

Dieser Tatbestand hat Konsequenzen für die Art und Weise, wie Länder mit externen wirtschaftlichen Schocks fertig werden können. De Grauwe (1992, S. 18 ff.) erläuterte das am Beispiel des Ölpreisschocks von 1978-79. Als europäische Gewerkschaften für den ölpreisbedingten Anstieg der Lebenshaltungskosten einen Ausgleich für ihre Mitglieder erstreiten wollen, konnten große Industriegewerkschaften mit Gesamtmarktüberblick schnell erkennen, daß eine Nominallohnerhöhung im Umfang der Inflationsrate (ohne Produktivitätsveränderung) nur die Preise steigerte und die Beschäftigung reduzierte. Ein Verteilungsspielraum zugunsten der Gewerkschaftsmitglieder war durch die Ölpreissteigerung externer Lieferanten nicht eröffnet worden. Die Konsequenz war, daß diese Gewerkschaften viel stärker die Arbeitsmarkteffekte ihrer Lohnforderungen beachteten und damit geringere Lohnsteigerungen im Interesse eines Erhalts von Arbeitsplätzen durchsetzten.

In dem Land mit den berufsständischen Organisationen war bei identischer Lage der Druck auf jede der einzelnen Gewerkschaften sehr groß, für die eigenen Mitglieder in Konkurrenz zur Nachbargewerkschaft viel herauszuholen, möglichst so viel zu erreichen wie die erfolgreichste Einzelgewerkschaft. Die zahlreichen Einzelgewerkschaften waren schwerer auf Lohnzurückhaltungen mit dem Ziel der Beschäftigungssicherung zu verpflichten, weil die Lohnsteigerung einer einzigen Berufsgruppe das gesamtwirtschaftliche Lohnniveau und damit die internationale Wettbewerbsfähigkeit kaum beeinflußte. Das geschah erst bei erfolgreichen Lohnerhöhungen, die alle konkurrierenden Gewerkschaften durchsetzten. Die Konsequenz in diesem Land waren insgesamt stärker steigende Löhne, daraufhin höhere Preise und zunehmende Arbeitslosigkeit.

Als Mitglieder einer Währungsunion können die Regierungen diese Unterschiede nicht mehr durch gelegentliche Auf- bzw. Abwertungen ausgleichen, wie es beispielsweise im Verhältnis von Deutschland und England mit dem Pfundkurs geschehen war. Innerhalb von 30 Jahren war dieser von DM 11,20 je Pfund (1964) auf DM 2,50 (1994) zurückgegangen, womit die unterschiedliche wirtschaftliche Entwicklung in beiden Ländern einen externen Ausgleich gefunden hatte. Wären England und Deutschland damals in einer Währungsunion, so hätte die gemeinsame Währung diese Anpassungen unmöglich gemacht, was sich für England als „Kosten“ der Währungsunion bezeichnen läßt. Stattdessen hätten dort drastische binnenwirtschaftliche Maßnahmen der Lohnsenkung und Produktivitätssteigerung mit zweifelhaftem Erfolg eingesetzt werden müssen.

Die Arbeitsmarktverfassungen behalten in einer Währungsunion weiterhin ihren besonderen Stellenwert. Dieser entspricht den Anforderungen an die gewerkschaftliche Tarifpolitik innerhalb eines schon heute existierenden Währungsgebietes wie Deutschland, das ja weiterhin erhebliche regionale Unterschiede aufweist. Löhne, die einheitlich für das gesamte Gebiet vereinbart werden, führen zu Wanderungsbewegungen zwischen den Regionen: Zustrom in die Ballungsgebiete mit hoher Produktivität (wo diese Löhne ohne weiteres sogar mit Aufschlag – „Lohndrift“ – gezahlt werden können); Abwandungen aus den Regionen, für die diese Löhne schon zu hoch sind, um Vollbeschäftigung zu erreichen. Aus dieser Erfahrung leitete De Grauwe (ebda.) die Empfehlung ab, daß die europäischen Gewerkschaften keine Einheitstarife für Europa vereinbaren sollten, weil das die Länder mit geringeren Produktivitätszuwächsen benachteiligen würde. In der EWWU hätte man weiterhin regional bezogene Verhandlungen durchzuführen, um die regionalen Unterschiede der Leistungskraft zu berücksichtigen.

Unterschiede im Wirtschaftswachstum

Wenn die Mitgliedsstaaten eines Währungssystems, in dem die nationalen Währungen bei Festkursen und grundsätzlichen Kursanpassungen weiterhin existieren, unterschiedliche Raten wirtschaftlichen Wachstums haben, dann können sie dadurch entstandenen Ungleichgewichte der Leistungsbilanzen durch Wechselkursänderungen ausgleichen. Das Land mit hohem Wachstum und entsprechender Importnachfrage wird sein Handelsdefizit nach gewisser Zeit durch Abwertung schneller und leichter ausgleichen können, ohne seine Wachstumspolitik beenden zu müssen. In einer Währungsunion könnte das wachstumsbedingte Defizit nur durch eine Politik der Exportpreissenkung (gemessen im gemeinsamen Geld der Union) überwunden werden.

Preissenkungen allgemein stehen für eine Wirtschaftspolitik der Dämpfung wirtschaftlicher Aktivität. Wenn diese nicht gewünscht wird, muß das betreffende Land die Einschränkung seiner wirtschaftspolitischen Handlungsmöglichkeiten als „Kosten“ der Währungsunion begreifen.

In der wirtschaftlichen Praxis erwies sich dieses Problem als wenig virulent. Wachstumsstarke Länder waren fast immer auch die entwicklungsstärkeren Staaten, die mögliche Handelsbilanzdefizie durch innovative Produkte ausgleichen konnten. Wechselkursänderungen waren insofern entbehrlich, ein Verzicht auf sie kein Hindernis, sich einer Währungsunion anzuschließen.

Unterschiede in der Finanz- und Geldverfassung

Auf die Bedeutung unterschiedlich entwickelter Steuersysteme hat De Grauwe hingewiesen. Angelpunkt unterschiedlicher „Kosten" einer Währungsunion sind dabei die Staatsschulden und der Schuldendienst. Letzterer zwingt die Regierungen, die Zinsen für die Staatsverschuldung in Relation zum Wachstum der Volkswirtschaft zu halten; wenn die Zinsen höher sind als das Wachstum, werden die Schulden einen immer größeren Anteil des Sozialprodukts verzehren. Daher waren viele Staaten gezwungen, ihre Schulden zu begrenzen bzw. eine bereits zu hohe Verschuldung zurückzufahren.

Den wirtschaftspolitischen Handlungsträgern standen dafür verschiedene Mittel zur Verfügung. Da die vielleicht wirksamsten Mittel, die Ausgaben zu kürzen, die Effektivität des staatlichen Leistungsangebots zu steigern und Subventionsansprüche von Unternehmen und Haushalten abzuwehren, politisch nicht durchsetzbar waren, mußten die Regierungen entweder die Steuereinnahmen erhöhen, was ebenfalls politische Probleme schaffte. Oder aber sie bedienten ihre Schulden mit Hilfe einer Vermehrung der Geldmenge. Es war offensichtlich, daß damit der Realwert der Schuldenrückzahlung und -verzinsung verringert wurde. In dem Maße, wie diese Geldmengenvermehrung die Inflation anheizte, konnte sich der Staat ohne gleichwertige Gegenleistung entschulden.

Die staatliche Geldschöpfung zur Finanzierung der öffentlichen Haushalte wird im englischen Sprachgebrauch mit dem Begriff „Seigniorage", etwa „Münzregal", versehen. Das erinnert in diesem Zusammenhang an die Münzverschlechterungen, mit denen Herrschende in der Vergangenheit ihre Schulden abbauen konnten. Es läßt insbesondere an die durch dramatische Geldmengenvermehrung 1923 in der Weimarer Republik angeheizte Inflation denken, in deren Folge die gesamte Staatsschuld, die gegenüber Inländern auf Reichsmark lautete, wertmäßig auf Null gebracht worden war. „Die gesamten Kriegsschulden in Höhe von 154

Mrd. Mark hatten am 15.11.1923 lediglich noch einen Wert von 15,4 Pfennigen der Zeit vor 1914." (Henning, S. 69 f.)

Angesichts dieser Erfahrungen hat die vereinbarte Währungsunion der EU sehr strenge Regeln über die Bedingungen der Geldschöpfung in der Gemeinschaft. Als Mitgliedern der EWU stehen den Regierungen der Einzelstaaten die Geldschöpfungsmöglichkeiten nicht mehr zur Verfügung, sie haben also ihr „Münzregal" an die Gemeinschaft abtreten müssen.

Insofern ist gerade für Staaten, die in der Abwägung zwischen erzielbaren Steuereinnahmen und hinnehmbaren Inflationsraten bereit waren, die Staatsausgaben teilweise mit neu gedrucktem Papiergeld zu bezahlen, der Beitritt zur Währungsunion mit „Kosten" verbunden: Sie müssen jetzt ihr Steuersystem leistungsfähiger machen, um Ersatz für den plombierten Geldhahn zu finden. Bezogen auf die EU gilt das als Problem der südlichen Länder mit ihrem traditionellen Volkssport, die Zahlung direkter Steuern (Einkommensteuer) zu vermeiden. Diese Staaten waren entsprechend gezwungen, den Schwerpunkt der Staatseinnahmen auf die Erhöhung der indirekten, leichter kontrollierbaren Steuern (z.B. Mehrwert- und Mineralölsteuern) sowie auf die Möglichkeiten der staatlichen Geldschöpfung zu legen. Dieser Ausweg wird ihnen als EWU-Mitgliedern versperrt.

Damit haben diese Länder Nachteile gegenüber (meist im Norden der EU vermuteten) Staaten, die bereits jetzt ihr „Seigniorage" aus Gründen der Inflationsbekämpfung hergegeben und viel in den Aufbau einer leistungsfähigen Steuerverwaltung investiert haben.

c. Vorteile aus einer Währungsunion

Die Währungsunion ist andererseits mit einer Reihe von Vorteilen verbunden, die insbesondere bei den Geldnutzern anfallen. Diese unterscheiden sich somit qualitativ vom „Preis", den Regierungen zu zahlen haben, wenn ihnen eine wirtschaftspolitische Handlungsmöglichkeit durch die Aufgabe der eigenen Geldordnung genommen wird.

Beseitigung der Umtauschkosten

Der sichtbarste Gewinn für die Verbraucher ist der Wegfall der beim Umtausch einer Währung in die andere anfallenden Umtauschkosten, Kursverluste und sonstigen Bankgebühren. Die EG-Kommission hatte ausgerechnet, daß sich trotz des EWS DM

100,- fast auf die Hälfte verringerten, wenn ein Europäer alle EG-Mitgliedsstaaten besuchte und diesen Betrag bei jedem Grenzübergang in die Währung des Einreiselandes umtauschte. Die Bankgebühren für Überweisungen in ein fremdes Währungsgebiet waren gleichfalls überdurchschnittlich hoch. Hinzukamen angesichts der verlängerten Buchungszeiten Kursrisiken, die zwischenzeitlich durch Leitkursänderungen auftreten konnten. Weiterhin entstanden Zinsverluste in schwer kalkulierbarer Höhe, weil die Gutschriften als Folge der Umtauschzwänge erst später eingingen.

Währungsverluste auf einer (theoretischen) Rundreise durch 10 Länder

Am 1. März 1988 umgetauscht in	Wechselkurs in der Landeswährung		Beträge nach Umtausch		in ECU[1]	Verlust in Prozent
Belgien (Start)			40000.00	BFR	925,18	
Großbritannien	1£ =	64,95 BFR	615,86	£	891,30	–3,66[2]
Frankreich	9,8065 FF =	1£	6039,43	FF	863,55	–3,11[2]
Spanien	19,47 PTA =	1 FF	117587,49	PTA	843,69	–2,30[2]
Portugal	1,18 ESC =	1PTA	138753,49	ESC	820,35	–2,77
Italien	7,75 LIT =	1 ESC	1075339,52	LIT	706,43	–13,89[2]
Griechenland	10,575 DR =	100 LIT	113717,15	DR	686,97	–2,75
Deutschland	0,98 DM =	100 DR	1114,43	DM	539,42	–21,46[2]
Dänemark	3,78,44 DKR =	100 DM	4217,45	DKR	534,42	–0,95[2]
Niederlande	27,75 HFL =	100 DKR	1170,34	DKR	504,71	–5,56[2]
Belgien (Ziel)	18,14 BFR =	1 HFL	21300,00	BFR	492,66	–2,39
Insgesamt						–46,75

1) Im Amtsblatt der Europäischen Gemeinschaften veröffentlichter amtlicher Wechselkurs vom 1. März 1988. 2) Es können zusätzliche Bankgebühren erhoben werden. Quelle: BEUC (1988b)

Die Bundesregierung errechnete einen Betrag von 1,45 Mrd. DM, den allein die deutschen Urlauber 1992 beim Umtausch von EG-Währungen hatten zahlen müssen. Die Berechnungsgrundlage waren 29 Mrd. DM Urlaubsausgaben in der EG, wovon 5% für Umtauschgebühren und Kurseinbußen aufzubringen waren.

Die exportierende deutsche Wirtschaft mußte für diese Bankdienstleistungen 1992 etwa 8 Mrd. D-Mark aufwenden. („Europa 2000“, S. 62) Die EG-Kommission hatte 1990 überschlägig 13 – 20 Mrd. ECU (etwa 25,5 – 39,5 Mrd. DM) jährliche Einsparungen in der Gemeinschaft ermittelt, was ein gutes Viertel Promille des Sozialprodukts der EG ausmachte.

Diese Aufwendungen sind, wie De Grauwe besonders herausstellte (S. 62), für die Konsumenten sinnlos wie eine nutzlose Steuer. Die Währungsunion ermöglicht es, daß Banken, Wechselstuben, Hotels und viele andere keine Bestände vieler EU-Währungen mehr vorrätig halten müssen, was vordem zwangsläufig Kosten verursacht hatte, die auf die Kunden umgelegt wurden.

Auch wenn die Banken auf nicht unerhebliche Einnahmen verzichten müssen, so ist damit kein gesellschaftlicher Verlust verbunden: Die Banken könnten nach einer Umstellungszeit neue Einnahmequellen erschließen, indem sie die Beschäftigten, die für Umtauschtransaktionen innerhalb der EU gebraucht wurden, für eine bessere Kreditberatung und -bearbeitung einsetzten.

Diese Vorteile sind nur mit einer Währungsunion zu erzielen; sie treten nicht auf, wenn nur ein Währungssystem mit Fortbestand der nationalen Währungen vorherrscht. Letzteres gilt auch, wenn die Kurse „unwiderruflich" fixiert wurden (wie es für den Übergang zur EWU vereinbart wurde). Solange das Kursrisiko nicht ausgeschlossen werden kann und solange verschiedene Währungen bevorratet werden müssen, entstehen Kosten, die auf die Kunden überwälzt werden.

Ein Hinweis, daß die Märkte sich diese Kosten erstatten lassen und dabei auch die Kursrisiken gesondert berechnen, ergibt sich aus der relativen Differenz der An- (Geld-) und Verkaufs- (Brief-) Kurse. Diese betrugen ohne die zusätzlich anfallenden Gebühren gegenüber der D-Mark in Frankfurt/M am 31.8.1994 in Promille:

Schweizer Franken	1,7
Japanischer Yen	1,9
Holländischer Gulden	2,5
Österreichischer Schilling	2,8
Französischer Franc	4,1
Belgischer Franc	4,1
Dänische Krone	4,8
US-Dollar	5,1
Pfund Sterling	5,8
Schwedische Krone	5,9
Spanische Pesete	6,7
Italienische Lira	8,1

Deutlich wird, daß die Differenz zwischen den Währungen allgemein am engsten war, die entweder dem Festkurssystem des EWS (noch) angehörten bzw. die sich wie der Schilling einseitig an die DM gebunden hatten. Sehr eng waren auch die Differenzen bei

Währungen mit Aufwertungstendenz (Schweizer Franken, japanischer Yen). Diejenigen Währungen, die entweder häufiger abgewertet wurden, oder frei schwankten bzw. das EWS verlassen mußten, erforderten Risikoprämien in der Form ausgedehnterer Bankbreiten zwischen An- und Verkauf.

Die Konsequenz ist, daß kleinere EU-Mitgliedsstaaten mit enger Verflechtung in die Gemeinschaft größere Wohlfahrtsgewinne durch den Wegfall der Transaktionskosten erzielen können als größere Staaten, die geringere Teile ihres Sozialprodukts in den Außenhandel geben, wenig Intra-EG-Handel betreiben und die zudem noch traditionelle Handelsverbindungen zu Drittstaaten aufrechterhalten.

Intensivierung des Wettbewerbs

Indirekte Gewinne können die Verbraucher in Europa bei einer Währungsunion erwarten, weil das gemeinsame Geld mithelfen wird, den Umfang von Preisdiskriminierungen einzuschränken. Die immer noch bestehende Abschottung der nationalen Märkte der EU-Mitglieder läßt teilweise erhebliche Preisunterschiede bei gleichartigen Produkten von Land zu Land erkennen. Als Beispiel werden gelegentlich die teilweise erheblich, also um ca. 40%, niedrigeren Nettopreise für deutsche Autos in anderen EU-Ländern angeführt.

Diese Preisdiksriminierungen sprechen für unzureichenden Wettbewerbsdruck. Die Währungsunion kann mithelfen, Preise noch transparenter zu machen und damit das Nachfrageverhalten der Verbraucher und das Angebotsverhalten der Wirtschaft zu beeinflussen.

Wenn der Wettbewerb ohne nationale Währungen mit ihren Kursveränderungen und ohne Kapitalverkehrsbeschränkungen intensiver wird, dann kann sich auch die Frage nach den Industriestandorten neu stellen: „Steuersysteme, soziale Kosten, Lohnniveau und administrative Effizienz werden noch mehr zu Wettbewerbsfaktoren. Investitionen werden verstärkt dahin gehen, wo sie am produktivsten sind." (Die ZEIT, Nr. 42/92 vom 9.10.1992)

Wohlfahrtsgewinne durch Entscheidungssicherheit

Eine Währungsunion beseitigt mit der einheitlichen gemeinsamen Währung die Unsicherheiten über mögliche zukünftige Kursänderungen. Entscheidungsträger haben damit in einer Welt von Unsicherheiten ein Element von Sicherheit gewonnen, was sich positiv auf die Entscheidungsbereitschaft auswirken könnte.

Dieses Phänomen dürfte insbesondere bei langfristig wirksamen Investitionen eine Rolle spielen. Diese haben beispielsweise für die deutsche Wirtschaft als sog. Direktinvestitionen eine große Bedeutung. Die Entscheidung, ob ein Produktionsstandort im Ausland aufgebaut werden oder ob weiter im Inland Exportproduktion stattfinden soll, ist neben vielen anderen Gründen auch von den Wechselkurserwartungen abhängig. Unsicherheit über den Dollarkurs hatte beispielsweise die Investitionen der deutschen Automobilindustrie in den USA stark beeinflußt. Fehlentscheidungen einzelner Unternehmen, deren Erwartungen von der Realität völlig enttäuscht wurden, brachten Verluste, die wiederum andere Investoren zu besonderer Vorsicht und damit Entscheidungszurückhaltung bewogen.

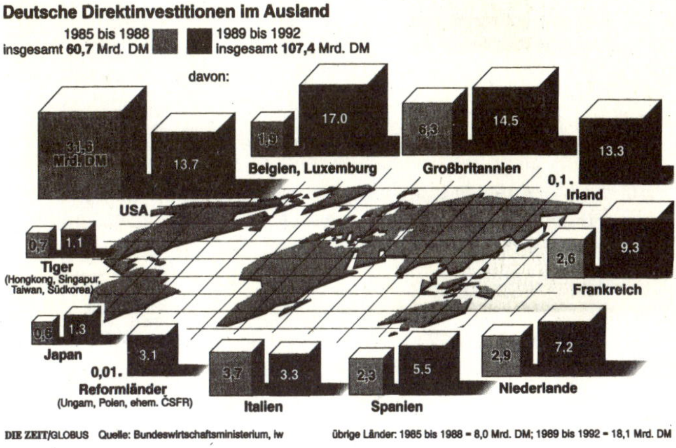

In Marktwirtschaften spielt der Preismechanismus eine zentrale Rolle, um den Handlungsträgern Informationen über bestehende Marktlagen zu geben, damit sie darauf aufbauend künftige Entwicklungen abschätzen können. Heftige Kursschwankungen wie beim Verhältnis von Dollar und D-Mark verminderten die Zuverlässigkeit des Preissystems, die Wirtschaft zu lenken (Problem der Fehlallokation von Ressourcen). Besonders deutlich wird das in Ländern mit großen Inflationsraten. Die Unternehmen haben unter diesen Bedingungen Schwierigkeiten, die tatsächlichen Knappheiten zu erkennen und in diesem Umfeld „richtige“ Entscheidungen zu treffen.

De Grauwe wies (S. 69 f.) zusätzlich auf das Problem hin, daß die Unsicherheit über die Wechselkurse außerhalb von Währungsunionen tendenziell die Zinsen anhebt. Das folgt der allgemeinen Erkenntnis, daß die Höhe der Zinsen nicht nur Geldentwertungsraten, sondern auch Kursrisiken widerspiegelt. Höhere Zinsen bewirken grundsätzlich, daß Projekte in Angriff genommen werden, die höhere Erträge vermuten lassen, dabei aber auch risikoreicher sind: wenn man sich schon verschuldet und hohe Zinsaufwendungen hat, dann soll es sich auch lohnen. Wenn das Projekt scheitert, verliert man so oder so nur seinen Einsatz. Die Anbieter sicherer, risikoarmer Projekte fallen dann leicht aus dem Kreditmarkt heraus. Damit wächst der Grad der Risikobelastung und Krisenanfälligkeit in der Wirtschaft generell.

Andere Wirkungen eines Beitritts in eine Währungsunion sind schwer zu prognostizieren; nach De Grauwe sind die empirischen Daten wenig aussagekräftig (S. 64 ff.). Sowohl Unternehmen wie Verbraucher können die Vorhersehbarkeit von Preisentwicklungen als Folge des Wegfalls der Kursrisiken begrüßen. Die Risiken sind andererseits auch mit Chancen verbunden, die sowohl die Konsumentenwohlfahrt wie die Unternehmensgewinne steigern könnten. Man erinnere sich nur an die unterschiedlichen Preisgestaltungen für die Endverbraucher im ehemaligen Ost- bzw. Westdeutschland: Der republikweit identische EVP (Einzelhandelsverkaufspreis) der DDR gab der Planwirtschaft und ihren Konsumenten höchste Preistransparenz und -sicherheit, eröffnete aber keinerlei Möglichkeiten, am herkömmlichen Einheitspreis vorbei besondere Chancen zu haben. Andererseits gehört das Aufspüren von abweichenden, niedrigeren Preisen zu den Wohlfahrtswirkungen, die Marktwirtschaften anbieten können.

Insgesamt sind die Wachstumswirkungen von Währungsunionen schwer nachweisbar, so daß die EG-Kommission auf dünnem Eis steht, wenn sie aus politischen Gründen die Wachstumseffekte der EWU besonders herausstellt: „Erwägungen, inwieweit die Wirtschafts- und Währungsunion gegenüber dem heutigen Zustand ein höheres gesamtwirtschaftliches Wachstum begünstigt, sind eher spekulativ. Vieles spricht für eine gewisse Wachstumsbeschleunigung. Entscheidend wird allerdings sein, inwieweit es gelingt, eine gemeinsame gesamtwirtschaftliche Politik für mehr

Wachstum und Beschäftigung bei Geldwertstabilität durchzusetzen. Für eine solche Politik verbessert eine Währungsunion die Chancen, sie garantiert sie aber noch nicht." (H.-J. Krupp)

d. Der Versuch einer Gesamteinschätzung

Die vorangegangenen Argumente für und gegen eine Währungsunion lassen eine ökonomisch begründete Abwägung zu, ohne die politische Dimensionen eines derartigen internationalen Vertragswerks präjudizieren zu wollen.

Länder mit „monetaristisch" motivierter Wirtschaftspolitik schätzten den Nutzen einer Währungsunion hoch, ihre Kosten dagegen niedrig ein. Das lag an der Überzeugung, daß man mit dem Verzicht auf Änderungen der Währungsparitäten keine nachhaltige Verbesserung der wirtschaftlichen Lage (dauerhafte Wiederherstellung von Zahlungsbilanzungleichgewichten) erreichen konnte, so daß man nichts aufgab, wenn man auf die nationale Währung zugunsten der Gemeinschaftswährung verzichtete. Zudem übte der Weg in die Union einen ebenso willkommenen wie heilsamen Zwang aus, im Inland auf strikte Geldwertstabilität zu achten. Da diese meist mit staatlichen Einsparmaßnamhen verbunden war und insofern Ansprüche gesellschaftlicher Gruppen auf Alimentierung ihrer Interesssen enttäuschte, war der Hinweis auf die von der nationalen Politik nicht kontrollierbaren externen Stabilitätszwänge ein willkommenes Argument, Geldvermehrungsbegehren bestimmter politischer Klientele zurückzuweisen.

Es sei in diesem Zusammenhang daran erinnert, daß die bereits vom ursprünglichen EWG-Vertrag im Art. 92 Abs. 1 geforderte Unzulässigkeit nationaler Subventionen („Beihilfen") wegen ihrer wettbewerbsverfälschenden Auswirkungen auf den Gemeinschaftshandel (es behauptete sich sonst nicht der leistungsfähigere, sondern der höher subventionierte Unternehmer) in zahlreichen Fällen mithelfen konnte, die Ansprüche auf staatliche Unterstützungen abzuwehren.

Die Vorteile einer Währungsunion wurden von denjenigen Mitgliedsstaaten deutlich geringer bewertet, die noch einen großen Umstrukturierungsbedarf vor sich liegen hatten. Jene konnten Änderungen ihrer Paritäten im Einzelfall sinnvoll einsetzen; sie würden gleichfalls den Staatshaushalt in Anspruch nehmen, um die privaten Anpassungsinvestitionen bzw. die öffentlichen Infrastrukturmaßnahmen zu finanzieren. Hier wog der unionsbedingte Verzicht auf diese wirtschaftspolitischen Instrumente erheblich schwerer.

Welche Kosten-Nutzen-Kalküle stellte das Land mit der Ankerwährung, innerhalb des EWS also Deutschland, beim Eintritt in die Währungsunion an? Die Argumente wurden pointiert aus „ökonomistischer" Sicht vorgetragen: Die EWU sei der Höhe- und Endpunkt einer langjährigen, erfolgreichen Stabilitätspolitik aller Beteiligter. Erst wenn die tatsächliche Konvergenz in bezug auf Inflation, Zinshöhe und Staatsverschuldung erreicht sei, könne man die nationalen Währungen zugunsten eines gemeinsamen Geldes aufgeben, wobei das stabilste Geld aus dem Währungssystem den Standard für die Währungsunion setzt.

Unmittelbaren Nutzen wird das Ankerwährungsland in einer Währungsunion nicht erkennen können. Es konnte ja sehr gut damit leben, daß es selbst nach eigenen Interessen die Standards für die Gemeinschaft vorgeben konnte und alle anderen sich anzupassen hatten. Es konnnte auch gelegentliche Abwertungen von Mitgliedswährungen leicht akzeptieren, weil damit die Inflationsübertragung gestoppt wurde. Der Trend über einen längeren Zeitraum zeigte deutlich die Beziehungen zwischen Außenwert der DM und den Entwicklungen von Export- und Importpreisen auf. Deutschland konnte sich gegenüber einer stärker inflationierenden Umwelt schützen, indem es über die Erhöhung der Wechselkurse der DM (bzw. durch Abwertung der Währungen der Handelspartner) seine Importpreise senkte. Dadurch wurde die Übertragung der Auslandsinflation auf das Inland weitgehend abgewehrt.

Für das Ankerwährungsland Deutschland spielten zudem die Umtauschkosten und Abwertungsrisiken nur eine geringe Rolle, weil der deutsche Außenhandel größtenteils in D-Mark „fakturiert" wird. Die Rechnungen lauteten durchschnittlich zu 53,2% (Importe) bzw. 78,5% (Exporte) auf DM. „Auf kurze Sicht erlaubt jedenfalls das starke Gewicht der DM-Fakturierung eine gewisse Immunisierung der deutschen Außenhandelspreise gegenüber Wechselkursschwankungen." (Deutsche Bundesbank, Monatsbericht November 1991, S. 43)

Wechselkursänderungen und Außenhandelspreise 1978 bis 1990

Veränderungen von Halbjahresdurchschnitten gegenüber Vorperiode in %

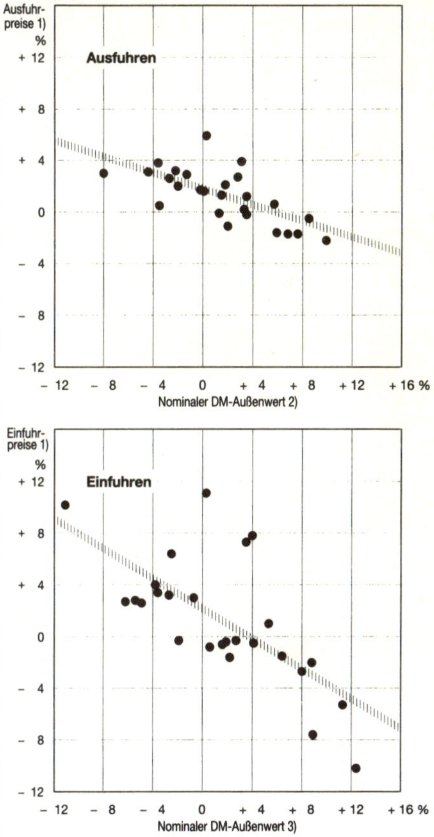

1) Berechnet auf Basis von Durchschnittswerten.- 2) Auf Basis der bei der Exportfakturierung verwendeten Fremdwährungen.- 3) Auf Basis der bei den Einfuhrzahlungen verwendeten Fremdwährungen.

BBk

Währungsstruktur im deutschen Außenhandel

Durchschnitt der Jahre 1988 - 1990

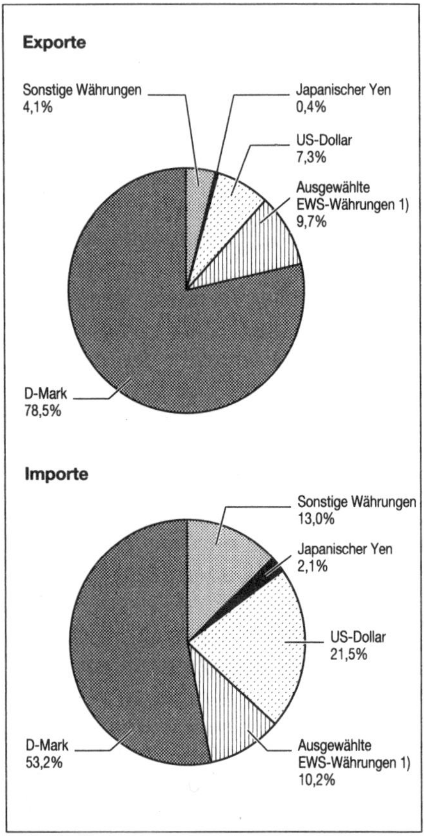

1) Französischer Franc, Pfund Sterling, Italienische Lira, Holländischer Gulden, Belgischer Franc; teilweise geschätzt.

BBk

Die „Kosten" einer Währungsunion liegen aus deutscher Sicht in der Gefahr, durch die Aufgabe der D-Mark die Möglichkeiten einer eigenständigen Stabilitätspolitik aufgeben zu müssen. Diese Gefahr, mit einer höher inflationierenden Gemeinschaftswährung leben zu müssen, ist umso größer, je weicher die Konvergenzkriterien sind und je stärker das institutionelle Risiko ist, daß die künftige Europäische Zentralbank die Geldwertstabilität weniger konsequent durchführen kann – z.B. weil sie womöglich vom Wunsch der Mitgliedsstaaten abhängig wird, die „Seigniorage" auch weiterhin zur Deckung von Lücken im Gemeinschaftshaushalt zu nutzen. Außerdem konnte noch eine Rolle spielen, daß die Bundesbank nur ungern das über viele Jahre geschaffene Image aufgeben will, erfolgreiche Antiinflationspolitik betrieben zu haben (was ja ganz wesentlich die Grundlage für die Ankerfunktion der D-Mark ist). Dieses würde sie zwangsläufig verlieren, wobei die Europäische Zentralbank dieses Gütesiegel in jahrelanger Kleinarbeit erst noch erwerben müßte. Mit verdeckter Verärgerung wird zudem kritisiert, daß stabilitätspolitisch weniger erfolgreiche Länder sich in das Image der Bundesbank durch Einstieg in die Währungsunion einklinken könnten, ohne vorher unzweifelhaft ein langjähriges Antiinflationsstanding nachgewiesen zu haben.

Diese Situation ist vergleichbar mit der Schaffung einer größeren Unternehmenseinheit durch die Fusion von Einzelbetrieben zu einem Konzern. Auch hier werden Betriebe unterschiedlicher Produktivität und Marktgeltung verschmolzen; die weniger erfolgreichen profitieren dann, wenn sie die Markennamen der besten Konzernpartner und damit eine entsprechende Marktgeltung im Fusionsvorgang übernehmen. Die Konzernleitung wird darauf zu achten haben, daß die hohen Qualitätsstandards eingehalten werden, um nicht die Marktgeltung des neuen Gemeinschaftsunternehmens zu beschädigen. Analog muß die ECU (mindestens) so stabil sein wie die in ihr aufgehende DM.

Damit ist ein wirtschaftspolitisches Ungleichgewicht beschrieben worden: Es gibt einerseits EG-Mitglieder mit großem, „monetaristisch" zu begründenden Interesse an der Währungsunion, während andererseits „ökonomistische" Bedenkenträger vorhanden sind, für die die Union mehr stabilitätspolitische Gefahren als Nutzen verspricht. Die integrationspolitischen Konsequenzen, die die EU daraus gezogen hatte, bestanden in der Umkehrung dieses Ungleichgewichts zugunsten der stabilitätsinteressierten Länder, die praktisch die Bedingungen bestimmen konnten, unter denen die EWU geschaffen wird (Unabhängigkeit der Europäischen Zentralbank; ausschließliche Verpflichtung auf das Stabilitätsziel; Erfüllung der Konvergenzkritierien vor Eintritt in die Union). Mit deren Erfüllung war die Beteiligung insbesondere Deutschlands garantiert, was andererseits die Voraussetzung war, daß sich die EWU überhaupt wird einrichten lassen.

Insgesamt kann die gesamte EU nicht als ein optimales Währungsgebiet angesehen werden; der hohe Nutzen für eine Reihe von Ländern steht im Kontrast zu den extremen Anpassungszwängen, die die bevorstehende Währungsunion auf andere ausübt. Die Konsequenz könnte sein, daß letztere die Konvergenzkriterien nicht erfüllen. Die EWU würde dann mit verschiedenen Geschwindigkeiten wachsen und mit einer begrenzten Zahl von Mitgliedsstaaten entstehen.

Eine ähnliche Abwägung von Kosten und Nutzen stellte sich in Relation zum Anteil des Gemeinschaftshandels am gesamten nationalen Sozialprodukt. Grundsätzlich werden die Länder einen größeren Nutzen vom Wegfall der Kursrisiken haben, die einen großen Teil ihres Außenhandels mit anderen Gemeinschaftsstaaten abwickeln: „For some countries with a large degree of openness relative to the other EC partners, the cost-benefit calculus is likely to tilt towards joining a European monetary union." (De Grauwe, S. 85) Je geringer andererseits dieser Anteil ist, desto weniger sinnvoll wird es sein, für die Preissicherheit bei einem geringen Prozentsatz der Exporte auf den Einsatz von Wechselkursen, Geldschöpfung und Staatsverschuldung als wirtschaftspolitische Mittel zu verzichten.

Die Entscheidung für oder gegen die EWU kann auch vom Grad der Preis- und Lohnflexibilität sowie der Mobilität von Arbeit und Kapital abhängen. Je unflexibler Preise und Löhne als Folge vermachteter Waren- und Faktormärkte sind, desto eher benötigt das betreffende Land Abwertungen zum Ausgleich von machtbedingtem Preisanstieg und dadurch verursachten Einbrüchen auf den Exportmärkten. Je flexibler jedoch Preise und Löhne auf mögliche Änderungen der Exportmärkte reagieren, desto eher gelingt der Ausgleich – Preissenkungen und Verzicht auf Lohnerhöhungen können, wie die Entwicklung in Deutschland 1993/94 bewiesen hat, zu einem bemerkenswerten Umschwung im Außenhandel beitragen. Das Mittel einer Abwertung wurde dabei nicht eingesetzt; im Gegenteil, die D-Mark war kurz vor diesem Zeitraum wegen der Krisen im EWS gegenüber einigen Gemeinschaftswährungen aufgewertet worden.

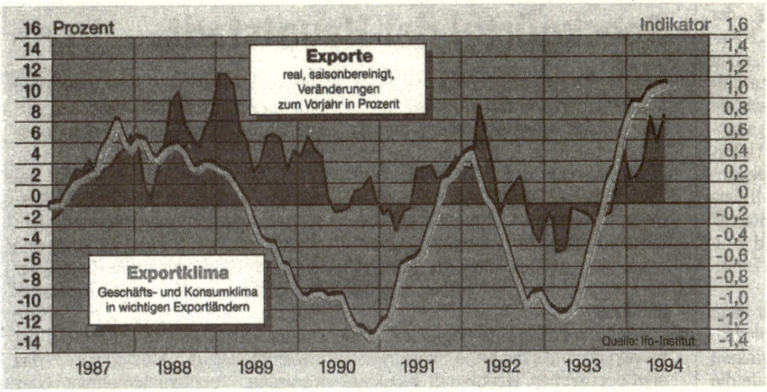

Auch hier ließe sich die bevorstehende Währungsunion von der politischen Führung als Mittel instrumentalisieren, um auf Industrie, Handel und Gewerkschaften im eigenen Land Druck auszuüben, sich von tradierten Regulierungen und Starrheiten zu verabschieden.

3.2. Der währungspolitische Gehalt des Abkommens von Maastricht

a. Ziele und Grundsätze

Der am 7. Februar 1992 von den zwölf Staats- und Regierungschefs der EG unterzeichnete und am 1.11.1993 nach einem unerwartet langen Ratifizierungsprozeß in Kraft getretene Vertrag über die Europäische Union stellt eine neue Qualität der Zusammenarbeit der Mitgliedsstaaten der EG dar. Dabei wurde insbesondere der die Wirtschafts- und Währungspolitik betreffende Teil des bisherigen EG-Vertrags erheblich verändert und erweitert, was selbst eilige Leser des Vertragswerks unmittelbar feststellen, wenn sie die eingeschobenen, mit Buchstaben gesondert gekennzeichneten Vertragsartikel lesen. Im EG-Vertrag „vor Maastricht" wurde die gemeinsame Wirtschaftspolitik einschließlich des EWS in acht Artikeln (Art. 102 a-109) geregelt. Im EG-Vertrag „nach Maastricht" erstreckt sich die gemeinsame „Wirtschafts- und Währungspolitik" einschließlich der Übergangsbestimmungen auf 27, teilweise seitenlange Artikel. Da unverändert die gemeinsame Handelspolitik im Art. 110 behandelt wird, endet der letzte, die Wechselkurspolitik der EU regelnde Artikel, als Art. 109 m.

Eine neue Qualität der Zusammenarbeit

Diese neue *Quantität* steht tatsächlich auch für eine neue *Qualität* der Zusammenarbeit. Das wird bereits in den veränderten „Grundsätzen" der Gemeinschaft, Art. 2 EGV, deutlich. Dieser erweitert die bisherigen Gemeinschaftsaufgaben (Errichtung eines Gemeinsamen Marktes) um eine „Wirtschafts- und Währungsunion". Er weitet die Durchführung gemeinsamer Politiken erheblich aus (Verweis auf Art. 3 EGV mit den Untergliederungen a -Beseitigung sämtlicher Handelsbeschränkungen zwischen den Mitgliedsstaaten- bis t -Maßnahmen in den Bereichen Energie, Katastrophenschutz und Fremdenverkehr-, sowie auf den neuen Art. 3 a, der die Vereinheitlichung der Wirtschafts- und Währungspolitik fordert.).

Im Art. 2 setzt sich die EU explizit zusätzlich die Aufgabe, ein „beständiges, nicht-inflationäres und umweltverträgliches Wachstum, einen hohen Grad an Konvergenz der Wirtschaftsleistungen, ein hohes Beschäftigungsniveau, ein hohes Maß an sozialem Schutz, die Hebung der Lebenshaltung und der Lebensqualität, den wirtschaftlichen und sozialen Zusammenhalt und die Solidarität zwischen den Mitgliedsstaaten zu fördern." Diese Ziele sollen unter anderem durch die zusätzlichen wirtschafts- und währungspolitischen Aufgaben, wie sie in den Artikeln 102 a bis 109 m EGV formuliert sind, erfüllt werden.

b. Grundlagen der Wirtschaftspolitik

Auf der Schwelle zur Wirtschafts- und Währungsunion wird jetzt nicht mehr nur die Konjunkturpolitik als eine Aufgabe gemeinsamen Interesses angesehen (Art. 103 EG-Vertrag alt), sondern umfassend die gesamte Wirtschaftspolitik (Art. 103 EGV neu).

Die EWWU folgt dem Konstruktionsprinzip, die *Währungspolitik zu vereinheitlichen*. Das ist, wie die Theorie der Währungspolitik nachgewiesen hat, bei einem einheitlichen, gemeinsamen Geld mit gemeinsamer Zentralbank unabweisbar. Die *Wirtschaftspolitik dagegen verbleibt in nationalstaatlicher Verantwortung*; es ist kein gemeinsamer Wirtschafts- und Finanzminister vorgesehen. Die wirtschaftspolitischen Handlungsträger der EU-Mitgliedsstaaten verlieren mit der vergemeinschafteten Währungspolitik das

Mittel der Wechselkursänderung, so daß sie zur Lösung ihrer Anpassungsaufgaben wesentlich auf die öffentliche Haushaltspolitik angewiesen sind. Dazu gehören alle Regelungen der Staatsausgaben sowie der Einnahmeerzielung durch Steuern, Abgaben und die Nachfrage nach Krediten.

Um trotz fortbestehender nationaler Verantwortung für die Wirtschaftspolitik die Konvergenz der EU-Mitglieder zu stärken, soll der Rat (der eigentliche „Gesetzgeber“ der EU, der sich aus den zuständigen Fachministern aus jedem Mitgliedsland zusammensetzt) Grundzüge der Wirtschaftspolitikk erarbeiten und sie als Empfehlungen jedem Mitglied vorgeben. Aus Sorge, daß die Wirtschaftspolitik der Mitglieder auseinanderläuft oder daß der Einsatz der verbliebenen Mittel den Zusammenhalt der Union verletzten könnte, sind im Art. 103 Abs. 3 EGV Überwachungsaufgaben vorgesehen worden.

Kampf gegen die Staatsverschuldung

Die Überwachung soll beispielsweise verhindern, daß Mitglieder angesichts wirtschaftlicher Probleme (z.B. Arbeitslosigkeit) zum Mittel der Staatsverschuldung greifen, dabei den Geldwert gefährden bzw. durch Überschuldung (der Schuldendienst wächst stärker als die Staatseinnahmen) ihre Handlungsfähigkeit einbüßen. Derartige Entwicklungen gefährdeten den Erfolg der geplanten Währungsunion erheblich. Diese Gefahren zu vermeiden mußte daher als Gemeinschaftsaufgabe festgelegt werden. Da aber Kommission und Rat der EU in die nationalstaatlichen Befugnisse nicht direkt eingreifen dürfen, wurde als subtiles Druckmittel die Veröffentlichung der Prüfergebnisse über die jeweilige nationale Wirtschaftspolitik vorgesehen. Der damit verbundene Prangereffekt, der die Inkompetenz der nationalen Wirtschaftspolitik unions- und weltweit amtlich macht, ist erwünscht, weil man sich davon erhofft, daß alle Mitgliedsstaaten von vornherein die Gürtel enger schnallen.

Der Sicherheitsgurt HANDELSBLATT: Bensc

Konkrete Einzelüberwachung bezieht sich auf das Verbot der „Seigniorage“, der „monetären Finanzierung von Haushaltsdefiziten“ (Deutsche Bundesbank, Monatsbericht Februar 1992, S. 47). Untersagt sind Versuche, die nationale Notenbank zu veranlassen, der Regierung das gewünschte Geld zur Verfügung zu stellen. Die Staaten sollen übermäßige Defizite der Staatshaushalte vermeiden, weil die EU fürchtet, daß von diesen Defiziten und dem Zwang, sie irgendwie zurückzuzahlen, inflationäre Impulse ausstrahlen. Unmißverständlich wurde klargestellt, daß die Union in keinem Fall für die Schulden haften wird, die ein Nationalstaat bei privaten Banken oder Haushalten aufgenommen hat (Art. 104 b).

Diese, auf der ersten Blick etwas „herzlos“ anmutende Bestimmung ist andererseits die zwingende Grundlage für den Einstieg in eine stabilitätsorientierte Wirtschaftspolitik und insofern die Voraussetzung, die gemeinsame Währungsunion auf der Grundlage stabilen europäischen Geldes einzurichten. Da den Staaten die „Seigniorage“ genommen wurde, könnten diese auf das Mittel der Kreditaufnahme umsteigen, um unverändert hohe Staatsausgaben trotz geringer Einnahmen zu tätigen. Unter Marktbedingungen wüchse damit die Verschuldung. Gleichzeitig verringerte sich die Kreditwürdigkeit mit dem Ergebnis, daß die betreffende Regierung auf den Kapitalmärkten Kredite nur noch zu Zinsen erhielte, die wegen wachsender Risikobestandteile immer stärker über die Zinsen für seriöse Schuldner stiegen. Irgendwann wäre eine Grenze erreicht, wo der Staat ähnlich wie ein überschuldeter Haushalt keine Kredite mehr bekäme. In dieser Lage befand sich der Beitrittskandidat Schweden 1994, als die Versicherungsgesellschaft Skandia Staatstitel boykottierte, weil ihr diese angesichts der hohen schwedischen Staatsverschuldung zu riskant erschienen. (Handelsblatt, 8./9.7.1994) In einer derartigen Situation ließ sich der Zwang zur stabilitätsbewußten Politik nicht mehr abweisen.

Ohne Artikel 104 b EGV würde der Eindruck entstehen, daß die Union in letzter Instanz für die Schulden ihrer Mitglieder aufkommen könnte, um deren Ausstieg und damit eine Gefährdung des Bestands der EWWU zu vermeiden. Wenn die privaten Kreditinstitute das mit gutem Grund erwarten können, sehen sie keine Grenzen mehr für die Kreditvergabe an einen bereits überschuldeten Mitgliedsstaat. Auch das Risiko hätte sich mit der faktischen Unionsbürgschaft so weit reduziert, daß die Kreditzinsen niedriger blieben. Damit würde der Anpassungsdruck in Richtung Stabilität ständig unterlaufen werden.

c. Grundlagen der Währungspolitik

Die Vertragsbestimmungen zur Währungspolitik sehen für die Endstufe der EWWU die Errichtung des „Europäischen Systems der Zentralbanken“ (ESZB) mit einer „Europäischen Zentralbank“ (EZB) vor (Art. 4 a EGV). Das künftige ESZB soll aus der gleichfalls noch zu gründenden EZB und den weiterhin existierenden nationalen Notenbank bestehen. Diese Konstruktion erinnert an das Notenbanksystem in Deutschland mit der Bundesbank als Zentrale und den Landeszentralbanken in den Bundesländern. Der Unterschied besteht darin, daß die Landeszentralbanken Filialen der Bundesbank sind. Die nationalen Notenbanken dagegen behalten eine eigene Rechtspersönlichkeit nach jeweiligem Landesrecht, auch wenn sie den wichtigsten Teil ihrer Aufgaben, die Herausgabe und Bewirtschaftung der nationalen Zahlungsmittel, einbüßen.

Aufgaben des ESZB

Dieses ESZB wird die Aufgabe zu übernehmen haben, „die Geldpolitik der Gemeinschaft festzulegen und auszuführen.“ Dabei hat es laut Vertragstext als „vorrangiges Ziel“ die Gewährleistung der Preisstabilität zu beachten. Bei der Wahrnehmung ihrer Aufgaben ist die EZB nach Art. 107 EGV an Weisungen anderer Gemeinschafts- und nationaler Organe nicht gebunden. Allerdings unterstützt das ESZB die allgemeine Wirtschaftspolitik der Gemeinschaft (Art. 105 Abs. 2 EGV), „soweit dies ohne Beeinträchtigung des Zieles der Preisstabilität möglich ist."

Somit wird in der Europäischen Union anerkannt, daß die *Geldpolitik als Teil einer umfassenderen Wirtschaftspolitik* nicht im luftleeren Raum, sondern in wechselseitiger Beeinflussung stattfindet. Daher soll eine personelle Verschränkung von ESZB und Rat und Kommission der EU stattfinden, die durch eine gegenseitige Einladung zu den beratenden Sitzungen gewährleistet wird. Wegen der Ziels der Preisstabilität haben die Vertreter von Rat und Kommission kein Stimmrecht beim ESZB. Damit soll verhindert werden, daß die Geldpolitik den anderen wirtschaftspolitischen Zielen von Kommission und Rat untergeordnet wird. Diese Regelung erinnert stark an Bundesbankgesetz; zu den Sitzungen des Zentralbankrats wird die Regierung mit beratender Stimme zugeladen. Andererseits kann der Präsident der Bundesbank an Kabinettssitzungen teilnehmen, auf denen wirtschaftspolitische Fragen behandelt werden.

Die EZB wird das Recht erhalten, die Ausgabe von gemeinsamen europäischen Banknoten vorzunehmen.

Ordnung der Drittlandbeziehungen

Teil der Währungspolitik ist die Ordnung der Beziehungen des eigenen Geldes zu den Währungen dritter Staaten, wozu beispielsweise die Entscheidung gehört, ob man sich einem Festkurssystem oder gar einer Währungsunion anschließen will. Derartige politische Entscheidungen werden grundsätzlich von Regierungen und Parlamenten und nicht von den Notenbanken getroffen, obwohl sie diese Entscheidungen beratend begleiten. Das galt auch für die Entscheidung über die deutsche Währungsunion von 1990, die aufgrund von Vereinbarungen zwischen den Regierungen von Bundesrepublik und DDR und Parlamentsbeschlüssen abgeschlossen worden war. Die Aufgabe der Bundesbank war die Umsetzung dieser Beschlüsse, auch wenn sie nicht mit allen Teilen der Vereinbarungen einverstanden war.

In der EU wird die Entscheidung über die mögliche Einbringung der ECU in ein internationales Währungssystem durch eine einstimmige Ratsentscheidung getroffen. Dabei sollen die EZB und das Europäische Parlament angehört werden. (Art. 109 EGV) Nach dem gleichen Verfahren können früher vereinbarte Paritäten bzw. Leitkurse der ECU gegenüber Drittwährungen verändert werden. Der einzige Unterschied besteht in einer weniger strengen

Mehrheitsregel: Für Neufestsetzungen von Wechselkursen sollen qualifizierte Mehrheiten im Rat ausreichen.

Die Deutsche Bundesbank hält diese Vorsichtsmaßnahmen für bedeutsam: „Die Entwicklung der letzten Jahrzehnte hat deutlich gemacht, daß das Festhalten an starren Wechselkursregelungen bzw. die Einführung bestimmter neuer Regeln die Geldpolitik gefährden können. Es ist deshalb wichtig, daß der Ministerrat gemäß Art. 109 EGV ein System mit festen Wechselkursen gegenüber Drittwährungen nur einstimmig beschließen kann.“ (Monatsbericht Februar 1992, S. 48)

Die währungspolitischen Grundlagen der EU wurden somit weitestgehend dem Muster derjenigen Notenbank angepaßt, die die Ankerwährung des EWS anbietet, der Deutschen Bundesbank. Betrachtet man Art. 104 EGV, der ausdrücklich verbietet, daß Regierungen und Kommission Kredite bei der EZB aufnehmen dürfen, sind Unabhängigkeit und Geldwertstabilität institutionell noch strenger geregelt als es das deutsche Bundesbankgesetz vorsieht. Damit konnte es der EU gelingen, den möglichen Widerstand des Ankerwährungslandes zu überwinden, das in der Währungsunion keine nennenswerten Vorteile, dafür aber Stabilitätsrisiken und Handlungsbeschränkungen erblickt.

3.3 Entwicklungsstufen zur Währungsunion

Der Weg zur Währungsunion ist nach geltendem Vertragsrecht – wie bereits einleitend erwähnt – in drei Schritten geplant. Die zeitlichen Dimensionen werden deutlich, wenn man sich vor Augen führt, daß der erste Schritt zur EWU bereits in der 1985 verhandelten, 1986 unterzeichneten und nach erfolgter Ratifizierung am 1.7.1987 in Kraft getretenen *„Einheitlichen Europäischen Akte“* (EEA) festgelegt worden war. Die EEA, die die entscheidende Rechtsnorm für die Vollendung des Europäischen Binnenmarktes am 1.1.1993, betonte die *„vier Freiheiten“* als Grundlage einheitlichen europäischen Wirtschaftsraumes und setzte damit den Grundstein für den Einstieg in die Währungsunion.

Bei den vier Freiheiten handelte es sich um

- die *Freiheit des Warenverkehrs* (Abbau der Zölle und aller anderen Handelshemmnisse zwischen den Ländern der Gemeinschaft);

- die *Freizügigkeit der Arbeitskräfte* (ungehinderte Arbeitssuche und Arbeitsaufnahme in allen EU-Ländern, Gleichstellung mit den inländischen Arbeitskräften);
- die *Niederlassungs- und Dienstleistungsfreiheit* (Möglichkeit für Unternehmer und Freiberufliche, sich in jedem Mitgliedsstaat niederzulassen und ihr Gewerbe auszuüben);
- der *freie Kapitalverkehr* (ungehinderte Abwicklung von Zahlungsgeschäften und Investitionsmöglichkeiten innerhalb der Gemeinschaft). (Uterwedde, S. 31)

a. Die erste Stufe der EWU: Freiheit des Kapitalverkehrs

Nach Inkrafttreten der EEA (1987) und angesichts der Perspektive des grenzenlosen Binnenmarktes (1993) bereitete sich die EG auf die Vergemeinschaftung der Währungspolitik vor. Dazu war auf dem EG-Gipfel von 1988 in Hannover ein Expertenausschuß unter Vorsitz des damaligen EG-Präsidenten Jacques Delors eingesetzt worden, der die Aufgabe hatte, Mittel und Wege für eine Vollendung der Wirtschafts- und Währungsunion zu prüfen. Diese Aufgabenstellung erinnerte stark an diejenige, die Anfang der 70er Jahre dem luxemburgischen Pierre Werner gestellt worden war, jedoch trotz sinnvoller Ergebnisse scheiterte, weil nach klassischer EG-Entschuldigung damals „die Zeit noch nicht reif“ gewesen war.

Der mittlerweile gleichfalls als „Klassiker“ anzusehene „Delors-Report“ wurde ein Jahr nach Erteilung des Berichtsauftrags vorgelegt und vom EG-Gipfel im Juni 1989 in Madrid gebilligt. Der „Delors-Bericht“ war die konzeptionelle Grundsteinlegung für die bereits einleitend dargelegte Umsetzung der Währungsunion in den drei Entwicklungsstufen.

Obwohl es zu der Zeit das Maastrichter Abkommen als den eigentlichen rechtlichen Einstieg in die EWU noch nicht gab, trafen die Staats- und Regierungschefs der EG-Mitgliedsstaaten gleichzeitig mit der Annahme des „Delors-Berichts“ die Entscheidung, in die erste der vom Bericht vorgeschlagenen Stufen per 1.7.1990 einzusteigen. (Es ist ein historischer Zufall, daß am 1.7.1990 auch die Währungsunion von Bundesrepublik und DDR in Kraft trat; zum Zeitpunkt des Madrider EG-Gipfels war diese Entwicklung nicht vorherzusehen.)

Die erste Stufe der EWU war nicht sehr dramatisch und vom „EG-Bürger auf der Straße“ als solche nicht wahrzunehmen. Es ging 1990 konkret um

- eine *verstärkte Koordinierung der einzelstaatlichen Wirtschaftspolitik* – man begann zu üben, was das Maastrichter Abkommen von 1992 mit ersten Sanktionen einfordern sollte;
- eine *intensivere Zusammenarbeit der Zentralbanken* – als Vorbereitung auf die Mitarbeit im kommenden ESZB. Die Mehrheit der Notenbanken verstand das als solidarische Verteidigung des EWS-Festkurssystems und Vorbereitung auf die später einsetzende „unwiderrufliche" Fixierung aller Leitkurse als Einstieg in die ECU als eigentlicher europäischer Währung;
- die *Aufhebung der noch bestehenden Beschränkungen des Kapitalverkehrs.*

Letztere Zielsetzung war eine zwingend notwendige Vorbereitung auf die EWU, weil die Schaffung eines einheitlichen Währungsraumes keine Möglichkeiten nationaler Segmentierungen mehr zuließ. Der Abbau dieser Grenzen wird beim Vergleich mit Deutschland in seiner wirtschaftlichen Bedeutung schnell einsichtig – man stelle sich vor, als einheitlicher D-Mark-Währungsraum mit Bundesbank und Landeszentralbanken zu arbeiten und gleichzeitig Kapitalverkehrsbeschränkungen zwischen Hessen und Bayern einzuführen. Das bedeutete, daß ein Münchner Unternehmen Schwierigkeiten hätte, einen günstigen Kredit bei der Partnerbank in Frankfurt aufzunehmen. Genauso wenig soll dieser Unternehmer Probleme bekommen, einen Kredit innerhalb der EU, z.B. in London, nachzufragen.

Aufhebung der Kapitalverkehrskontrollen

Auf europäischer Ebene hatte diese erste Stufe eine praktische Bedeutung nur für Italien und Frankreich, die damit noch existierende Kapitalmarktkontrollen aufgeben müßten. Mit diesen Kontrollen hatten beide Länder einen gewissen Einfluß auf ihre heimische Geldversorgung und damit das bei ihnen vorherrschende Zinsniveau ausüben können. Dieser Tatbestand war von De Grauwe (S. 117) herausgestellt worden, als er die Frage prüfte, „Is the EMS a DM Zone?" Er kam zu dem Ergebnis, daß die anderen EG-Notenbanken ein begrenztes Maß an Autonomie gegenüber der Bundesbank erhalten konnten, so daß sie nicht allen Schritten der Ankerwährung folgen mußten. Für Frankreich und Italien war diese Autonomie von den Kapitalverkehrskontrollen abhängig.

Als sich wegen vieljährigen Verzichts auf Kursanpassungen innerhalb des EWS die geschilderte Krise 1992/93 abspielte, waren beide Länder wegen des Fehlens von Kontrollen der internationalen Spekulation stärker ausgesetzt. Bezeichnend war hier die Bedeutung der fundamentalen Daten der Wirtschaftsentwicklung (insbesondere Inflationsraten und Produktivitätsentwicklung) und der politischen Stabilität: Frankeich kam aus der Krise ohne erkennbare Blessuren und Kursanpassungen hervor – der Franc-Kurs bewegte sich trotz der EWS-Bandbreitenerweiterung weiterhin in sehr engem Kontakt zum DM-Leitkurs. Italien mußte als Folge der Krise das Festkurssystem gänzlich verlassen, so daß die Lira frei gegenüber der D-Mark floatete.

b. Die zweite Stufe der EWU: Kooperationen und Institutionen

„Der Übergang zur zweiten Stufe ist ein weiterer Schritt auf dem Weg zur Vollendung einer Europäischen Wirtschafts- und Währungsunion, der mit dem Beginn der ersten Stufe am 1. Juli 1990 eingeschlagen wurde. Seitdem hat der europäische Integrationsprozeß in verschiedenen Bereichen bemerkenswerte Fortschritte gemacht: Im Waren- und Dienstleistungsverkehr ist der einheitliche Binnenmarkt weitgehend realisiert. Im Kapitalverkehr sind die früheren vielfältigen Beschränkungen fast restlos beseitigt worden. Aber auch Rückschläge und Enttäuschungen sind nicht ausgeblieben." (Deutsche Bundesbank, Monatsbericht Januar 1994, S. 25 f.)

Mit der am 1. Januar 1994 begonnenen zweite Stufe, im EG-Vertrag durch Art. 109 e geregelt, bereitet sich die EU auf den Eintritt in die Endphase der EWU vor. Diese Vorbereitung besteht aus zwei Aufgabenpaketen,

- der *Förderung der Konvergenz der Mitgliedsstaaten*, damit deren wirtschaftliche Entwicklung so stark angeglichen ist, daß der Übergang in die Währungsunion mit gemeinsamem Geld und einheitlicher Zentralbankpolitik ohne Systemkrisen gemeistert werden kann;
- der *Schaffung der rechtlichen, institutionellen und organisatorischen Grundlagen für die EWU*; das wichtigste Ereignis dabei war die Gründung des vom Maastrichter Abkommen vorgesehenen Europäischen Währungsinstituts (EWI).

Koordinierung der Wirtschaftspolitik

Daß die Wirtschaftspolitik der EU-Mitgliedsstaaten von den Partnern kritisch gewürdigt wird, ist mindestens seit Bestehen der EWG eine Selbstverständlichkeit. Die zunehmende Intensivierung der wirtschaftlichen und politischen Zusammenarbeit läßt die gegenseitigen Abhängigkeiten immer deutlicher spüren.

Als neues Element dieser in jeder Wirtschaftsgemeinschaft vorhandenen gegenseitigen Kontrolle brachte die zweite Stufe die neue Qualität, daß „die Mitgliedsstaaaten ihre Wirtschaftspolitik als eine Angelegenheit von gemeinsamem Interesse betrachten" (Art. 103 EGV) und entsprechend im Rat koordinieren. *Vor Maastricht* galt dieses Prinzip nur für eine Teilmenge wirtschaftspolitischer Maßnahmen, die Konjunkturpolitik.

Neu ist die Vertragsbestimmung des Art. 103 Abs. 2 EGV, wonach der Rat mit qualifizierter Mehrheit eine Empfehlung verabschieden kann, in der die Grundzüge der Wirtschaftspolitik der Mitgliedsstaaten und der Gemeinschaft definiert werden. Richtschnur dafür sind die vom Finanzministerrat im Dezember 1993 verabschiedeten „Grundzüge der Wirtschaftspolitik", in denen die Bedeutung der marktwirtschaftlichen Ordnung, der Geldwertstabilität und des Wirtschaftswachstums für die Gemeinschaft herausgestellt werden. „Neben einer am Ziel der Preisstabilität ausgerichteten Geldpolitik setzt diese verstärkte Bemühungen im Bereich der Konsolidierung der öffentlichen Haushalte voraus." (Deutsche Bundesbank, ebda.)

Bedeutsam für die Verwirklichung der EWWU ist dabei

- die *Mehrheitsregel*, die verhindert, daß ein einzelnes EU-Mitglied durch Einlegung seines Vetos Beschlüsse verhindert. Dafür wird nach dem Maastrichter Abkommen gefordert, daß die volle Sperrminorität von 23 (bzw. 27 Stimmen bei erfolgreicher Erweiterung der EU um Österreich, Schweden, Finnland und Norwegen zum 1.1.1995) geltend gemacht wird.
- die *Verbindlichkeit der wirtschaftspolitischen „Empfehlungen"* für jedes Mitgliedsland. Empfehlungen lassen sich allein vom Begriff her nicht mit Verpflichtungen gleichsetzen. Die Konsequenz jedoch, den mehrheitlich verabschiedeten Empfehlungen nicht zu folgen, also beispielsweise unzureichende Ergebnisse bei der Sicherung der Preisstabilität und der Gesundung der öffentlichen Finanzen vorzuweisen, kann beim Eintritt in die entscheidende dritte Stufe der EWU dazu führen, daß diese Land für noch nicht „reif" für die Währungsunion eingeschätzt wird. Auch dieses Votum wird mit Mehrheit gefaßt und kann dementsprechend gegen eine betroffene Minderheit durchgesetzt werden.

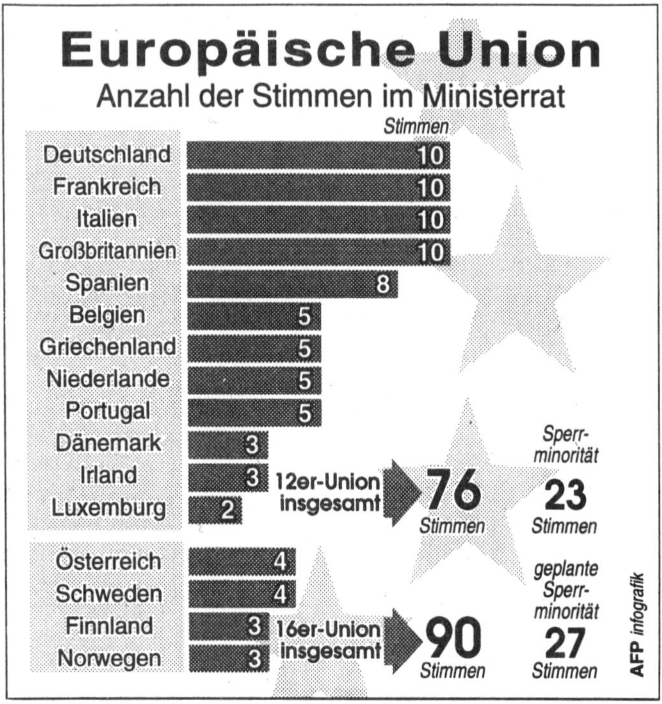

Multilaterale Überwachungsverfahren

In der zweiten Stufe sind die oben bereits angesprochenen halbjährlichen multilateralen Überwachungen der Wirtschaftspolitik aller Mitgliedsstaaten im Hinblick auf die „Grundzüge" und die angestrebte Konvergenz vorgesehen. Werden die „Grundzüge" verletzt, kann der Rat auf Vorschlag der Kommission Empfehlungen aussprechen, wie die Politik verändert werden müßte. Diese Ratschläge können – müssen es aber nicht – veröffentlicht werden.

Die Veröffentlichung wird zu Recht als eine ernste Rüge der Gemeinschaft gegen einzelne Mitglieder verstanden. Im Rat, der darüber mit qualifizierter Mehrheit (derzeit mindestens 54 von 73 Stimmen) votiert, sind ja alle Mitgliedsstaaten, also auch das durch die Publikation an den Pranger zu stellende, vertreten. Damit wird sichergestellt, daß das betroffene Land seine Position allen anderen Staaten deutlich machen kann.

Am 1.1.1994 trat zusätzlich ein *„Haushaltsüberwachungsverfahren“* in Kraft, mit dem die vertraglich festgelegten Verpflichtungen, *gesunde öffentliche Finanzen* und *Vermeidung übermäßiger öffentlicher Defizite*, durch Prüfung der Haushaltspolitik der Mitglieder überwacht werden sollen. Bezugspunkte für diese Ziele, die die Staatsfinanzen regeln und die Überschuldung der öffentlichen Hände verhindern sollen, sind

- das Verhältnis des laufenden öffentlichen Defizits, also des Fehlbetrags des Staatshaushalts, in Bezug zur Wertschöpfung der Volkswirtschaft, gemessen am Bruttoinlandsprodukt (BIP), sowie
- der Stand der öffentlichen Schulden, ebenfalls in bezug auf das BIP.

Grenzwerte dazu wurden in einem Protokoll zum Maastrichter Vertrag festgelegt; danach soll der laufende Fehlbetrag nicht über 3% des BIP liegen, die Staatschuld soll nicht mehr als 60% des BIP betragen. Diese Werte sind Ergebnis eines politischen Kompromisses ohne strenge wissenschaftliche Begründbarkeit. Hätte man sich auf 4% des laufenden Defizits und 70% des Schuldenstands verständigt, hätte man – ähnlich wie bei der politischen Festlegung von Bandbreiten für die Kursschwankungen in Festkurssystemen – dagegen grundsätzlich wenig einwenden können.

Problematisch können diese Festlegungen deshalb werden, weil besondere historische Situationen (z.B. Vereinigung in Deutschland) und konjunkturpolitische Phasen (z.B. Depression mit Anstieg der Arbeitslosigkeit) an den Stichterminen für den Übergang in die dritte Stufe eine Bedeutung haben können. So wird sich Deutschland die Schulden der Treuhandanstalt als öffentlichen Schuldenstand vorhalten lassen müssen, was die 60%-Grenze zum Problem machen könnte. Nur hatte Deutschland keine andere Wahl, als mit umfangreichen öffentlichen Mitteln bis hin zur Kreditaufnahme die Privatisierung und Sanierung der maroden Betriebe aus der DDR-Erbmasse zu finanzieren.

Auch das 3%-Limit für die laufende Verschuldung kann zu einem Problem werden, weil die Sozialhaushalte (Sozialversicherungen) von der EU mitgerechnet werden. Ein Land, das in Arbeitsmarktproblemen steckt und seine Arbeitssuchenden mit Hilfsleistungen auf gesetzlicher Grundlage unterstützt, kann damit leicht über diese Grenze kommen. Es ist zudem ein gewollter antizyklischer Ausgleichseffekt, der einem solchen Sozialsystem innewohnt, die Staatsverschuldung in der Krise zuzulassen und über öffentliche Kredite und Ausgaben den Abschwung zu mildern, andererseits im Konjunkturaufschwung mit wachsender Beschäftigung ein Teil der Einnahmen aus der Arbeitslosenversicherung zur Reservebildung zurückzuhalten. Konjunkturbedingte Defizite haben somit einen anderen Stellenwert als strukturelle (ein Land lebt auf Dauer über seinen Verhältnissen), was entsprechend bei der Würdigung als Konvergenzkriterium zu beachten ist.

Insbesondere seit Eintritt in die zweite Stufe findet eine breite Diskussion über die Erfüllung sämtlicher Konvergenzkriterien statt. Es gab Situationen, wo kein einziges Mitgliedsland alle Kriterien erfüllte – nicht einmal der Musterschüler Luxemburg, der 1993 das Inflationsziel bei ansonsten vorbildlicher Haushaltsdisziplin verfehlt hatte.

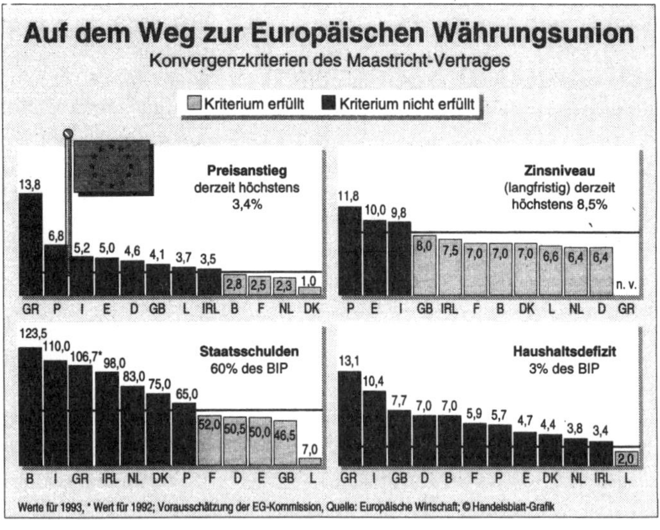

Das Europäische Währungsinstitut (EWI)

Der markanteste Schritt in Richtung auf die Währungsunion im Rahmen der zweiten Stufe ist sicher die Einrichtung des EWI. Auf Beschluß des Europäischen Rats war 1993 vereinbart worden, Frankfurt/M, den Sitz der Deutschen Bundesbank, zum Standort des EWI und der noch zu gründenden Europäischen Zentralbank (EZB) zu machen. Diese Entscheidung wurde als Zeichen einer „immer ausgeprägter gewordenden Übereinstimmung in der Priorität für die Geldwertstabilität“ gewertet. (Deutsche Bundesbank, Geschäftsbericht 1993, S. 98)

Die Aufgaben des EWI sind im durch Maastricht geänderten EG-Vertrag in Art. 109 f geregelt. Das EWI und der EWI-Rat treten als „Kooperationsorgan der Notenbanken, deren Verantwortung für die nationale Geldpolitik unberührt bleibt, an die Stelle des bisherigen Ausschusses der EG-Zentralbankpräsidenten (“Gouverneursausschuß„) und des Europäischen Fonds für währungspolitische Zusammenarbeit (“EFWZ„).“ (Deutsche Bundesbank, ebda.)

Wichtigste Aufgaben des EWI sind die konzeptionellen Vorbereitungen für die dritte Stufe der Währungsunion, die nach dem Beschluß über ihre Einführung aufgrund der Vorableistungen des Währungsinstituts sofort soll beginnen können. Dafür sollen insbesondere die geldpolitischen Strategien und Instrumente harmonisiert werden. Das schließt auch die Vorbereitungsarbeiten für die Herstellung einheitlicher europäischer ECU-Banknoten in der dritten Phase ein.

Europäisches Währungsinstitut (EWI)
(Mitglieder: Zentralbanken der 12 EU-Staaten)

Aufgaben:
* Koordinierung der Geldpolitik zwischen den Zentralbanken
* Überwachung des EWS
* Vorbereitung einer gemeinsamen Währung

EWI-Rat
(Chefs der nationalen Notenbank)

Präsident des EWI
Präsident: Alexandre Lamfalussy (Belgien)
Vizepräsident: Maurice Doyle (Irland)

Generaldirektor:
Robert Raymond (Frankreich)

Generalsekretariat:
Ltg. Hanspeter Scheller (Deutschland)

Abteilung „Volkswi. u. Statistik“	Abteilung „Reserven-management“	Abteilung „Informations systeme u. Kommuni-kation“	Abteilung „Administrative Aufgaben“
G. Hogeweg (Holland)	N.N.	J. Etherington (England)	H. Scheller (Deutschland)

(Stand Juni 1994)

Weitere währungspolitisch bedeutsame Regelungen der zweiten Stufe sind

- das *Verbot der Kreditgewährung* der Notenbanken an den öffentlichen Sektor („Seigniorage-Problematik“);
- der *Verzicht des Staates* auf den privilegierten Zugang zu den Finanzinstituten, um die „öffentliche Hand zu zwingen, sie an

den Kredit- und Kapitalmärkten zu Marktkonditionen zu finanzieren." (Bundesbank, Monatsbericht Januar 1994, S. 31);

- Herstellung der *Unabhängigkeit der Notenbanken* von den nationalen Regierungen, wobei allerdings drei Regierungen, deren Notenbanken bislang von den Regierungen abhängig waren (Belgien, Frankreich, Spanien), ihren Notenbanken bereits ein höheres Maß an Freiheit gewährt haben. Ausnahmen für zwei Länder, u.a. Griechenland) sind vorgesehen;
- der *Haftungsausschluß* der Gemeinschaft und der anderen Mitgliedsstaaten für die Schulden einzelner Unionsländer zur Stärkung der Eigenverantwortung jedes einzelnen Mitgliedsstaates;
- endgültige *Festlegung des Währungskorbes der ECU*, in dem jetzt bis zur Einführung der Gemeinschaftswährung enthalten sind: 0,6242 DM, 1,332 französische Francs, 0,08784 englische Pfunde, 151,8 italienische Lire, 0,2198 holländische Gulden, 3,301 belgische und 0,13 luxemburgische Francs, 6,885 spanische Peseten, 0,1976 dänische Kronen, 0,008552 irische Punts, 1,44 griechische Drachmen und 1,393 portugiesische Escudos. Die Währungen der Neumitglieder, deren Beitritt zum 1.1.1995 vorgesehen war, wurden im ECU-Währungskorb nicht mehr berücksichtigt.

Nicht festgelegt wurde allerdings der Wert einer ECU gegenüber den Teilnehmer- und Drittwährungen. Hier gilt weiterhin, daß der Wert des ECU-Währungskorbes mit dem Wert seiner Bestandteile schwanken kann.

4. Die Währungsunion wird vollzogen

4.1 Der Fahrplan des Maastrichter Vertrages

Die Terminsetzung des Vertrages von Maastricht für den Übergang zur EWU (1997 bzw. 1999) erscheint vielen als Zwang, anderern wiederum als heilsamer Druck, um zögerliche Politiker zum Handeln zu bringen, sozusagen als „the tyranny of the deadline", wie der Journalist Martin Wolf 1994 in der Financial Times schrieb. Die Konvergenzkriterien wurden in der wissenschaftlichen und politischen Diskussion im Übergang zur Union entweder als Schlagstock gegen den Vollzug der Währungsunion gebraucht oder als positiver Hinweis auf die Fähigkeit der Länder, sich den gemeinsam gesetzten Konditionen anzupassen – und Anpassungsarbeit wird ihnen die EWU auch künftig abverlangen.

1994 flammte die Diskussion über das Europa „mehrerer Geschwindigkeiten" bzw. „konzentrischer Kreise" wieder auf: Gibt es eine „Kernunion" erfolgreicher Staaten, der sich dann die Versager bei nachgewiesenem Lernerfolg anschließen dürfen?

a. Der frühzeitige Übergang zur Endstufe

Vor dem Hintergrund dieser Auseinandersetzungen lohnt es sich, den von den Vertragsstaaten vereinbarten Weg zur EWU näher zu betrachten. Was wird (soll) in den nächsten Jahren nach 1994 geschehen?

Art. 109 j des EG-Vertrages legt fest, daß das die Kommission und das EWI in dieser Zeit festzustellen haben, ob die Zentralbanken der künftigen EWU-Mitglieder die satzungsmäßige Unabhängigkeit von ihren Regierungen erhalten haben. Damit sollte gewährleistet werden, daß diese Banken dem Stabilitätsziel verpflichtet blieben und nicht durch Regierungsanweisung gezwungen werden können, ihren Staaten bevorrechtigte Kredite einzuräumen.

Kommission und EWI stellen darüberhinaus fest, ob „ein hoher Grad an dauerhafter Konvergenz erreicht ist." Maßstab hierfür sind die bereits dargelegten Konvergenzkriterien stabiler Geldwert, geringe Staatsverschuldung und niedriges Zinsniveau sowie eine längere Zeit stabiler Wechselkurse zueinander. Dabei sollen die Berichterstatter auch „die Entwicklung der ECU, die Ergebnisse bei der Integration der Märkte, den Stand und die Entwicklung der Leistungsbilanzen, die Entwicklung bei den Lohnstückkosten und andere Preisindizes“ (Art. 109 j Abs. 1 EGV) berücksichtigen.

Empfänger dieser Berichte ist der politische Entscheidungsträger der EU, der Rat in der Zusammensetzung der dafür zuständigen Wirtschafts- und Finanzminister („ECOFIN-Rat“). Dieser hat auf der Grundlage diese Berichte zwei Entscheidungen zu treffen:

- Welche der zwölf (ab 1.1.1995 womöglich 16) Mitgliedsstaaten erfüllen die notwendigen Voraussetzungen für die Einführung einer einheitlichen Währung?
- Stellen diese eine Mehrheit der Mitgliedsstaaten dar?

Die Entscheidungen sind mit qualifizierter Mehrheit zu treffen. Das bedeutete vor dem Beitritt der Neumitglieder per 1.1.1995 angesichts der damaligen Stimmengewichtung, daß 54 von insgesamt 76 (gewogenen) Stimmen benötigt wurden. Es ist keine Einstimmigkeit vorgesehen, so daß einzelne Mitgliedsstaaten überstimmt werden können (hier stellt sich das oben bereits behandelte Problem der Sperrminoritäten im Rat). Bleiben England und Dänemark bei ihren politischen Erklärungen, sich aus der EWU „herauszuoptieren“, sind sie mit ihren jeweiligen Stimmen nicht im Abstimmungsverfahren. Damit verringert sich auch die Zahl der für eine qualifizierte Mehrheit erforderlichen Stimmen.

Die Berichte von Kommission und EWI sind so rechtzeitig zu erstellen, daß spätestens am 31.12.1996 die weiteren Übergangsschritte erfolgen können:

- Anhörung des Europäischen Parlaments, das seinerseits eine eigene Position beziehen kann;
- Behandlung der Vorlagen von ECOFIN-Rat und Parlament zur Beschlußfassung durch den „Europäischen Rat“, d.h. den Rat in der seiner höchstrangigen Zusammensetzung, den Staats- und Regierungschefs.

Es ist danach Sache des Europäischen Rats, die maßgeblichen Entscheidungen – ebenfalls „nur“ mit qualifizierter Mehrheit, gleichfalls ohne die Hinausoptierer – zu treffen:

- Ist eine Mehrheit der Mitgliedsstaaten bereit für die EWU?
- Ist es für die Gemeinschaft zweckmäßig, mit der Endstufe der Währungsunion zu beginnen?
- Wenn ja, wann genau soll der Übergang erfolgen?

Diese Vorgehensweise unterstreicht, daß es sich trotz der im EG-Vertrag und den sich anschließenden Protokollen festgelegten Konvergenzkriterien um politische Entscheidungen handelt. Es ist somit kein Automatismus vorgesehen.

b. Problematik der Konvergenzkriterien

Letzteres war andererseits der Grund für Kritik am Fahrplan der EU: Da die Konvergenzkriterien politisch zu bewerten seien, könnte eine stabilitätswidrige Aufweichung erfolgen. Das wäre dann zu erwarten, wenn die EU möglichst viele Mitgliedsstaaten in die Währungsunion übernehmen wollte und daher geneigt wäre, „Fünfe gerade sein zu lassen". Diese Kritik hatte vor dem auch von M. Feldstein (S. 15 f.) vorgetragenen Widerspruch ihre Berechtigung, daß insbesondere diejenigen EU-Länder auf den Vollzug der Währungsunion drängten, die eine nur unzureichende stabilitätspolitische Tradition vorwiesen und noch zu Beginn der 90er Jahre die Bundesbank als Notenbank der Ankerwährung wegen ihrer Stabilitätspolitik (Geldverknappung, Zinserhöhung) kritisiert hatten.

Diese Kritik, die in erster Linie aus dem Lager der „Ökonomisten" und der Länder mit langer Stabilitätstradition kam, wurde noch durch einige Ungereimtheiten bei den Kriterien selbst ergänzt:

Das Kriterium der niedrigen Inflationsrate wurde als Preissteigerungsrate definiert, „die im Jahr vor der Prüfung um nicht mehr als 1,5 Prozentpunkte über der Inflationsrate der höchstens drei stabilsten Länder liegen darf." (Deutsche Bundesbank, 1992 a, S. 323) Nehmen wir an, das Land A hatte Null-Inflation, das Land B 1% und das drittbeste Land C 3% Inflation. Der Durchschnitt der Inflationsraten betrug 1,3%, womit das drittstabilste Land der Gemeinschaft, das zur Referenzwertbildung herangezogen wurde, mit seiner 3%igen Inflationsrate selbst das Kriterium (1,3% zuzüglich Anweichung von 1,5% nach oben = 2,8%) verfehlt und nicht zugelassen werden dürfte.

Ist mit dieser Forderung nun „der Durchschnitt dieser drei Länder, das preisstabilste oder das drittstabilste Land gemeint? Entsprechend verschiebt sich der Schwellenwert." (Hans-J. Krupp)

Dieselbe Überlegung läßt sich für das Zinskriterium anstellen. Die Zinsabstände gegenüber denselben drei preisstabilsten Ländern sollen nicht über 2 Prozentpunkte hinausgehen. Auch hier könnte es geschehen, daß das drittbeste Land den Referenzwert nicht erreichte, weil die Zinsen bei den beiden Spitzenreitern deutlich unter seinem Zinsniveau blieben.

Vergleichbare Überlegungen gelten für die beiden Konvergenzkriterien, die die Staatsverschuldung zum Inhalt haben. Wie bei den oben genannen Abweichungen von 1,5% (Inflation) bzw. 2% (Zinsniveau) handelt es sich bei den Referenzwerten von

- 60% des Bruttoinlandprodukts (BIP) beim Stand der Staatsschuld, bzw.
- 3% des BIP beim jährlichen Haushaltsdefizit (Neuverschuldung)

um plausible politische Kriterien. Mit diesen kann man Staaten draußen vorlassen, die wegen ihrer hohen Verschuldung keine Spielräume einer inneren Anpassungspolitik haben und deshalb beim Wegfall einer eigenständigen Wechselkurspolitik innerhalb der Währungsunion handlungsunfähig werden, was für die Union wie ein ständiger Sprengsatz wirkte. Dennoch wurden diese Kriterien nicht ohne eine gewisse Willkür festgelegt. Sie könnten, wie oben dargelegt, auch modifiziert vereinbart worden sein, ohne daß das Stabilitätsziel verletzt worden wäre. Da es auch auf die *Entwicklung der Staatsverschuldung* ankommt, ließe sich eine Verschuldung von über 60% des BIP akzeptieren, wenn nur nachgewiesen wurde, daß sich der Beitrittskandidat auf dem Wege einer Schuldenverringerung befindet.

H.-J. Krupp äußerte weiterhin Zweifel an der Präzision des (vor der Wechselkurskrise des EWS von 1992/93 formulierten) Ziels der Wechselkursstabilität: „Ist dies die enge Bandbreite oder die derzeitige 'Normalität' der erweiterten Bandbreiten“? (ebda.) Bezeichnend ist, daß die Bundesbank betonte, es sei die „Mitgliedschaft im *engen* EWS-Band“, während der Vertragstext von der „Einhaltung der *normalen* Bandbreiten“ des EWS spricht, und das ist seit 1993 das *weite* Band.

c. Der endgültige Übergang zur Endstufe

Gelingt es dem Europäischen Rat nicht, bis Ende 1996 festzustellen, daß eine Mehrheit der Mitgliedsstaaten „reif“ für die Währungsunion ist, so treten die Regelungen von Art. 109 j Abs. 4 EGV ein. Diese fixieren den verbindlichen Beginn der Währungsunion auf den 1.1.1999.

Noch vor dem 1.7.1998 soll der Europäische Rat mit qualifizierter Mehrheit nach Berichterstattung des ECOFIN-Rates sowie nach Anhörung des Parlaments entscheiden, welche Staaten die Konvergenzkriterien erfüllen. Mit diesen wird dann die EWU begonnen, egal, welche und wieviele Staaten es sind. Die Mitglieder, die diese Kriterien nicht erfüllten, könnten später hinzutreten.

Insofern sind durch den Vertragstext Optionen verschiedener Zeitpunkte für den Eintritt in die Währungsunion angelegt. Bezeichnet man die ersten Mitgliedsstaaten als „Kerneuropa", dann begründet der Maastrichter Vertrag im gewissen Sinne ein „Europa der konzentrischen Kreise": Das geflügelte Wort von dem Europa der mehreren Geschwindigkeiten sei eine semantische Umschreibung der europäischen Realität, teilte der designierte EU-Kommissionspräsident Jacques Santer der Öffentlichkeit jenseits aller Aufgeregtheiten mit. (Handelsblatt, 12./13.8.1994)

Flexible Geographie HANDELSBLATT: Pielert

Alle EU-Staaten, die weder 1997 noch 1999 Zugang zur EWU gefunden haben werden, sind Staaten, „für die eine Ausnahmeregelung gilt". (Art. 109 k, Abs. 1 EGV) Auf diese sind für die eigentliche Währungsunion zentrale Bestimmungen nicht anwendbar, insbesondere was die Unwiderruflichkeit der Kursfestlegung und die Mitwirkung im Europäischen Zentralbanksystem (ESZB und EZB) betrifft. Diesen Staaten wird ein zweijähriger Überprüfungsrhythmus angeboten, ob sie nicht doch zugelassen werden können. Prüfsteine bleiben dafür unverändert die Konvergenzkriterien.

d. Beginn der Endstufe – die EWU wird errichtet

Mit der Bestimmung des Termins für den Beginn der Währungsunion (irgendwann nach dem 31.12.1996 bzw. am 1.1.1999, je nachdem, ob die EU entschied, daß eine Mehrheit der Mitgliedsländer die Konvergenzkriterien erfüllte) setzt der Rat die Satzungsbestimmungen in Kraft, die der Europäischen Zentralbank EZB alle für eine Notenbank erforderlichen Befugnisse vom ersten Tag der EWU an einräumen.

In der Zeit zwischen Terminfestlegung und eigentlichem Beginn bestimmen die Regierungen der Mitgliedsstaaten der EU, die auch am EWU teilnehmem („für die es keine Ausnahmeregelung gibt", wie der Vertragstext, Art. 109 l, Abs. 1 EGV, lautet), das Direktorium der EZB.

Nach Ernennung des Direktoriums wird die EZB errichtet. Als europäische Notenbank übernimmt die noch verbliebenden Aufgaben des am 1.1.1994 gegründeten und mit der Bildung der EZB aufgelösten EWI.

„Am ersten Tag der dritten Stufe" (Art. 109 l Abs. 4 EGV) soll der Rat nach Vorarbeit der dann bereits existierenden EZB und auf Vorschlag der Kommission über die unwiderruflichen Wechselkurse der sich tatsächlich an der EWU beteiliegenden Länder beschließen. Es handelt sich dabei

– um die Wechselkurse zwischen den Währungen dieser Staaten; so werden dann beispielsweise DM und ffr unwiderruflich in ein festes Austauschverhältnis gebracht. Wenn man von Erwägungen praktischen Verhaltens absieht, könnte man danach wahlweise in DM oder ffr bezahlen, weil zwischen beiden Währungen dann kein Kursunterschied mehr möglich ist, und
– um die unwiderruflich festen Kurse, die dann jede Währung zur ECU hat, und „zu denen diese Währungen durch die ECU ersetzt werden."

Diese Entscheidungen sind dann sozusagen der monetäre Urknall – mit ihnen *„wird die ECU zu einer eigenständigen Währung"*

(Art. 109 l Abs. 4 EGV). Der Außenwert der ECU zu dritten Währungen, z.B. dem US-$, wird davon nicht berührt. Hier sind die Kursschwankungen, wie sie sich aus den Entwicklungen der Devisenmärkte ergeben, unverändert zugelassen.

Danach ist der Rat als politisches Lenkungsgremium der EU beauftragt, die schnelle Einführung der ECU als europäisches Zahlungsmittel zu veranlassen. Das heißt aber andererseits, daß die nationalen Geldscheine noch längere Zeit werden fortgelten müssen, bevor eigenständige ECU-Banknoten für den Unionsbereich vorhanden sind. Die Versorgung mit einheitlichen europäischen Münzen – eine Notwendigkeit für die Vereinheitlichung der geldannehmenden Automaten – wird vermutlich noch Jahre in Anspruch nehmen.

Diejenigen EU-Staaten aus der „2. Klasse", für die laut Vertragstext Ausnahmeregelungen gelten, können später jederzeit aufgenommen werden. Im Aufnahmezeitpunkt wird der Kurs dieser Währung unwiderruflich zum geltenden ECU-Wert festgestellt und die europäische Währung auch bei diesem Neumitglied eingeführt.

Aufgaben und Befugnisse des ESZB

Die Befugnisse des ESZB und der eigentlichen Zentralbank, der EZB, sind durch Satzung geregelt. Vereinfacht gesagt haben ESZB und EZB die Aufgaben, wie sie auch die Deutsche Bundesbank mit ihren Landeszentralbanken und dem Zentralbankrat als Beschlußgremium für die bedeutenden geldpolitischen Beschlüsse hat.

Die EZB soll mit einem Anfangskapital von 5 Mrd. ECU ausgestattet werden. Alleinige Zeichner und Inhaber werden die nationalen Notenbanken; die Kapitalanteile richten sich zu gleichen Teilen nach dem Sozialprodukt und der Größe der Bevölkerung. Sollte die EZB ähnlich erfolgreich wirtschaften wie die Bundesbank, stehen Gewinne ins Haus – diese werden gleichfalls nach den gezeichneten Kapitalanteilen an die nationalen Notenbanken ausgezahlt. Die Hinausoptierten bzw. die Notenbanken, „für die eine Ausnahmeregel gilt", sind daran nicht beteiligt.

Wie jede Notenbank soll auch die EZB über eigene Währungsreserven verfügen, um beispielsweise den Kurs der ECU auf den internationalen Devisenmärkten pflegen zu können. Sie wird eine Erstausstattung von 50 Mrd. ECU von den nationalen Notenbanken auf dem Wege der Übertragung erhalten. Um chaotische Verhältnisse auf den Devisenmärkten zu vermeiden, die eintreten könnten, wenn EZB und eine nationale Notenbank mit den verbliebenen Reserven eine entgegengesetzte Politik verfolgten, dürfen die nationalen Zentralbanken (die ja Teile des ESZB geworden sind) nur mit Zustimmung der EZB auf den internationalen Geld- und Kapitalmärkten tätig werden. Ausgenommen hiervon sind Verpflichtungen gegenüber internationalen Organisationen.

Das Emissionsrecht für ECU- Banknoten wird konkret dem Rat der EZB überantwortet: „Er genehmigt die Ausgabe von Banknoten, die von der EZB und den nationalen Zentralbanken in Umlauf gebracht werden." (Bundesbank, 1992 a, S. 325) Als mögliche Konsequenz dieser Regelungen können die nationalen Notenbanken weiterhin Geldscheine ausgeben, wenn auch nicht mehr aus eigener Kraft, sondern nur im Auftrag des ESZB-Rates, der darauf zu achten hat, daß jede Notenbank ihr zugewiesenes Kontingent an Banknotenemissionen nicht überschreitet.

Wegen dieser Bestimmungen wurde bereits nachgedacht, den Staaten den Abschied von eigenem Geld in der Weise zu erleichtern, daß die ECU-Noten nur auf einer Seite unionsweit einheitlich gestaltet werden, während die andere Seite von jedem Mitgliedsstaat der EWU nach eigenen Traditionen eingerichtet wird. So könnten damit die teilnehmenden Monarchien auch weiterhin ihren König bzw. Erzherzog auf Geldscheinen abbilden. Die Geltung aller ECU-Noten würde jedoch unionsweit sein, so daß eine in Holland emittierte ECU-Banknote ohne Einschränkung in Deutschland Gültigkeit besäße. Vergleichbar wäre das mit der einheitlichen Geltung aller aktuellen deutschen Münzen in der Bundesrepublik unabhängig davon, von welcher Münze dieses Geldstück geprägt und wer auf ihr abgebildet wurde: Das Zweimarkstück mit dem Konterfei Franz-Josef Strauß' ist uneingeschränkt auch in Berlin gültig.

Wechselkurspolitik des EZB

Die Wechselkurspolitik (z.B. die Entscheidung, in welcher Kursbeziehung die ECU zu anderen Währungen steht) ist üblicherweise eine Sache der Regierungen, für die EWU somit Aufgabe des Rates. Wegen der Bedeutung dieser Politik für das Stabilitätsziel muß der Rat bei allen von ihm einstimmig zu treffenden Entscheidungen den Ratschlag der EZB einholen. Hinzuzufügen ist, daß abstimmungsberechtigt nur die Ratsmitglieder aus den Ländern sind, die sich an der EWU beteiligen. „Die in dem Vertrag aufgenommenen wechselkurspolitischen Regeln belassen dem ESZB in der täglichen Wechselkurspolitik einen großen Handlungsspielraum und eröffnen ihm Einflußmöglichkeiten in allen wechselkurspolitischen Grundsatzfragen. Die geldpolitische Handlungsfähigkeit des ESZB ist daher auch im Hinblick auf die Wechselkursregelungen weitgehend gesichert.“ (Bundesbank, 1992 a, S. 326)

4.2 Auseinandersetzungen im Vorfeld – hat die EWU eine Chance?

Trotz der hinreichend detaillierten Regelungen des Maastrichter Abkommens und der endgültigen Ratifizierung in neun Ländern durch Volksabstimmungen und in drei durch Parlamentsmehrheit war die Lage in der Vorbereitungszeit vor der Schaffung der Währungsunion nicht durch einvernehmliches, zielstrebiges Arbeiten in Richtung auf das breit akzeptierte Ziel gekennzeichnet. Es gab stattdessen zahlreiche Zweifel und Irritationen. Vielleicht war vielen Handlungsträgern und der Bevölkerung erst nach den Entscheidungen angstvoll deutlich geworden, auf welches Ziel sie sich eingelassen hatten.

a. Akzeptanzprobleme

Symptomatisch für die Lage, wie sie in Deutschland wahrgenommen wurde, war die „klassische“ Karikatur, die den deutschen Michel voller Sorge und Trauer mit seinem Kuscheltier namens „D-Mark“ im Bett zeigt, wo er die wenigen verbliebenen Tage beschwört, die ihm für seine Mark noch bleiben.

Die Währungsunion hatte in Deutschland nie begeisterte Zustimmung seitens der Geschäftswelt erfahren. Auch seitens der Bevölkerung überwogen die Vorbehalte. Trotz der 1993 getroffenen Entscheidung, das EWI und die spätere europäische Zentralbank in Frankfurt anzusiedeln und sie damit „örtlich“ in den Bannkreis der stabilitätsbewußten Deutschen Bundesbank zu bringen, war nach einer von der EU-Kommission im Frühjahr 1994 veröffentlichten Umfrage nur ein Drittel der Bevölkerung damit einverstanden, 1999 eine gemeinsame EU-Währung einzuführen. Die Abschaffung der DM zugunsten der ECU war auch ein besonderes Thema im Europawahlkampf in Deutschland im Sommer 1994, wobei jedoch die (teilweise dafür neugegründeten)

Parteien, die diese Wahl zur Volksabstimmung gegen das Maastrichter Abkommen machen wollten, erhebliche Niederlagen einstecken mußten.

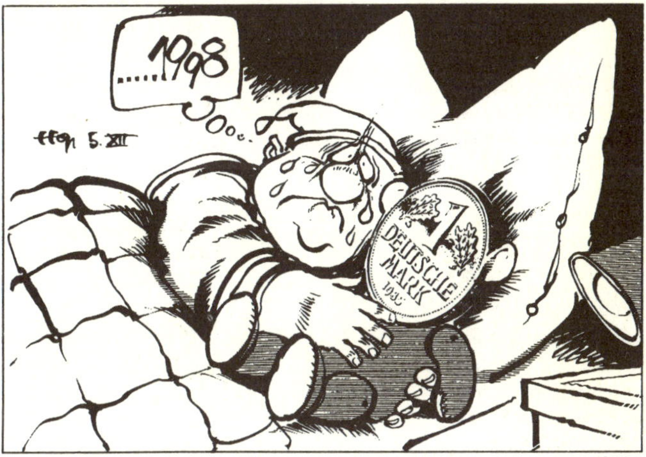

„. . . nur noch wenige tausend Tage!" tz, München

In derselben Umfrage erklärten nach Mitteilung der Kommission andererseits 60% der in Deutschland Befragten, daß die gemeinsame EZB eine nützliche Sache wäre.

Die allgemeinen Vorbehalte sind nicht untypisch für ein Land, das seine international erfolgreiche Währung zugunsten einer Gemeinschaftswährung aufgeben soll, die ihre Bewährungsprobe noch vor sich hat. „Die geplante europäische Währungseinheit hat keine der nur durch Erfahrung zu erlangenden Qualitäten als Wertaufbewahrungsmittel und Rechnungseinheit aufzuweisen. Sie würde ohne Ansehen und mit einer Europäischen Zentralbank, die sich erst noch bewähren muß, starten." (Feldstein, S.14)

Kein Weg zurück

Als womöglich ängstigendes Element kommt hinzu, daß der Einstieg in die gemeinsame Währung kaum rückgängig gemacht werden kann. Der EU-Vertrag sieht diese Option jedenfalls mit keiner Silbe vor. Für den Fall, daß ein EWU-Mitgliedsstaat später feststellen sollte, daß die Währungsunion für ihn mit unerwartet ungünstiger Kosten-Nutzen-Relation verbunden ist, ist kein geordnetes Ausstiegsverfahren vereinbart worden. Sicher wird es möglich sein, aus der EWU auszuscheiden und eine eigene nationale Währung wieder einzuführen. Es bestünde dann jedoch die Gefahr, „daß die Entscheidung für den Austritt aus der Währungsunion mit dem Ausschluß aus der Freihandelszone und vielleicht sogar auch mit anderen Maßnahmen sanktioniert würde." (Feldstein, S. 17)

Die Wirtschaftsgeschichte kennt Situationen, daß sich Länder aus einer Währungsunion lösen. Die aktuellsten europäischen Beispiele waren der Zerfall der Rubelzone mit der Auflösung der Sowjetunion und der Dinarzone mit dem Zerfall Jugoslawiens. Beide standen für teilweise unfriedlich ausgetragene Konflikte und kaum lösbare Bewertungs- und Auseinandersetzungsprobleme. Man denke nur an die Art und Weise, wie die Währungsreserven aufgelöst und die Verbindlichkeiten gegenüber Drittländern zugeteilt werden mußten.

Sollte sich Deutschland nach Gründung der EWU wieder aus dieser Union zurückziehen und die Mark als nationales Geld erneut einführen, dann wäre das faktisch ein Anschlag auf das gesamte europäische Einigungswerk, an dem dieses zerbrechen könnte – mit unabsehbaren katastrophalen Folgen für den Kontinent und Deutschland selbst. „Germany is the only possible obstacle to EMU, since one without it would rob the project of its purpose. To draw back would do grave damage." (Wolf, S. 4) Aus diesem Grund werden der Einstieg in die EWU und die Aufgabe der D-Mark endgültig sein.

b. Machtprobleme

Im Jahr der Ratifizierung des Maastrichter Abkommens (1993) brach angesichts der erfolgreich verlaufenden Beitrittsverhandlungen mit Österreich, Norwegen, Schweden und Finnland ein Streit um die Machtverteilung im Rat als dem wesentlichen politischen Führungsgremium der EU aus.

Ursache war die für den 1.1.1995 vorgesehene Erhöhung der Stimmenzahl im Ministerrat von 76 auf 90. Lag die Sperrminorität bisher bei 23 Stimmen, so würde diese auf 27 Stimmen anwachsen. Mit der herkömmlichen Sperrminorität konnten z.B. die Mittelmeerstaaten Italien, Spanien und Portugal Mehrheitsentscheidungen verhindern bzw. sich ihre Zustimmung entsprechend „vergolden" lassen.

Währungspolitische Mehrheitsentscheidungen waren insbesondere 1996 und 1998 mit weitestreichenden Konsequenzen für die weitere Entwicklung der EU zu erwarten. Hier hatten insbesondere England und Spanien das gleichgerichtete Interesse, den monetären Einigungsprozeß Europas zu kontrollieren. Die zehn englischen und acht spanischen Stimmen im Ministerrat ließen sich leicht mit fünf portugiesischen bzw. griechischen Stimmen zur Sperrminorität ausweiten. Wahrscheinlich wäre eine verweigernde Stimmenabgabe, wenn sich der Einstieg in die EWU als diskriminierende Aufteilung der Mitgliedsstaaten in solche erster oder zweiter Klasse darstellen sollte. Daher verlangten England und Spanien, daß die künftigen Entscheidungen über die EWU allein von den zwölf „alten" Mitgliedern getroffen werden sollten, obwohl die Neumitglieder über ihr anteiliges Stimmrecht verfügten und von den Entscheidungen unmittelbar betroffen waren.

Die Ausweitung der Sperrminorität ließ die Chancen schrumpfen, ein Veto einlegen zu können. Die spanische Regierung insbesondere hatte die Vermutung geäußert, daß die Neumitglieder ihre Stimmen zugunsten eines schnellen Einstiegs in die Währungsunion verwenden könnten, was angesichts der Strenge der Konvergenzkriterien zulasten Spaniens ginge. Vereinfacht gesagt würde das (mittlerweile) „Altmitglied" Spanien draußen vor der Tür bleiben, während das Neumitglied Österreich in die Bel Étage aufrückte.

Endgültig geklärt wurde das Problem noch nicht, obwohl sich abzeichnet, daß England und Spanien angesichts der Verfassungslage der EU (Gleichberechtigung der Mitgliedsstaaten) geringe Chancen haben, ihre Auffassung vom reduzierten Stimmrecht neuer Mitglieder rechtlich durchzusetzen. So bleibt die Perspektive, daß Spanien seinen gewollten Beitritt in die EWU politisch leichter wird durchsetzen können, wenn es der EU im Gegenzug einen zeitraubenden Rechtstreit erspart.

c. Probleme bei der Erfüllung der Konvergenzkriterien

Die Konvergenzkriterien sind der entscheidende Faktor beim Einstieg in die EWU. Sie wurden zwar durch EU-Vertrag und Protokollnotizen präzise formuliert, blieben aber dennoch politisch interpretierbar. Über die Erfüllung dieser Kriterien ließen sich Prozeß und Zeitrahmen steuern. Mit ihnen konnte in der Weise Politik gemacht werden, daß Länder zugelassen oder auch abgewiesen werden.

„Nach den Statistiken von Anfang 1994 erfüllt bekanntlich außer Luxemburg gegenwärtig kein Land die Konvergenzkriterien vollständig", verlautbarte der Präsident der Deutschen Bundesbank am 3.9.1994. „Stabilität sei wichtiger als der Terminplan." Besonders bedenklich wäre der Umfang der Staatsverschuldung, während die EU-Staaten in der letzten Zeit anzuerkennende Erfolge bei der Inflationsbekämpfung vorweisen konnten.

Wird die Erfüllung der festgelegten stabilitätspolitischen Zielgrößen die Barriere, an der die Währungsunion (womöglich zur Erleichterung vieler) letztlich scheitert?

Die Kriterien im einzelnen

Das *Inflationskriterium* wurde 1994 nach damaligen Vorhersagen der EU-Kommission am besten von Frankreich, Dänemark und den Niederlanden erfüllt. Innerhalb der Bandbreite von 1,5% waren Belgien, Deutschland, Irland, Luxemburg und Großbritannien.

Das *Zinssatzkriterium* (Zinsen für langfristige Anleihen nicht höher als 2% des Durchschnitts der drei preisstabilsten Länder) wurde Mitte 1994 von allen Ländern erreicht, die auch das Inflationskriterium erfüllten.

Das *Wechselkurskriterium* (zwei Jahre Verbleib innerhalb der „normalen" EWS-Bandbreite) konnten Belgien, Dänemark, Frankreich, Deutschland, Irland, Holland und Luxemburg erfüllen. Nach der Ausweitung der EWS-Bandbreiten im Zuge der EWS-Krisen von 1992 und 1993 waren „die Wechselkurse überraschend stabil. Eine gute Voraussetzung für die im Juli 1994 beginnende Probezeit für die Währungsunion: Vom Juli an müssen jene Währungen, die zum ersten vertraglich möglichen Termin am 1. Januar 1997 zusammengeworfen werden sollen, zwei Jahre lang eng beieinanderbleiben." (Der Spiegel, Nr. 28/94 vom 11.7.1994, S. 19) Das englische Pfund, das seit seinem Ausstieg aus dem EWS-Kursmechanismus gegenüber der DM flexible Wechselkurse hatte, dabei jedoch nach der 92er Abwertung keine großen Kursschwankungen mehr aufwies, hätte es gleichfalls das Kriterium erfüllt.

Das *Neuverschuldungskriterium* wird aus Sicht der EU-Kommission 1994 von Luxemburg und Irland erfüllt. Holland würde es gleichfalls schaffen und „die deutsche Neuverschuldung wird nach Einschätzung von EU-Wirtschaftskommissar Henning Christophersen 1994 unter 3% des BIP sinken" (Handelsblatt, 7.9.1994), nachdem sie in den Jahren davor u.a. zur Finanzierung der Einheit und der damit verbundenen Haushaltsdefizite höher lag.

Das *Staatsschuldkriterium* (60% der BIP) könnte von Luxemburg, Deutschland, Großbritannien, Frankreich und Spanien erreicht werden. Dänemark und Portugal stehen kurz davor, sich unter die 60%-Grenze zu bringen. Recht trostlos sieht die Zielerreichung für Irland (92,1%), Griechenland (98,4%), Italien (114%) und dem Verschuldungsspitzenreiter Belgien (141,6%) aus.

Die öffentliche Verschuldung

	in Milliarden DM		
	1970	1989	1994[1])
Bund	56,5	490,5	754
Fonds „Deutsche Einheit"	–	–	93
Kreditabwicklungsfonds	–	–	102
ERP-Sondervermögen	1,3	7,1	35
Bahnvermögen	–	–	70
Westdeutsche Länder	27,8	309,9	425
Ostdeutsche Länder	–	–	55
Westdeutsche Gemeinden	40,3	121,4	160
Ostdeutsche Gemeinden	–	–	27
Insgesamt	125,9	928,8	1721
Nachrichtlich: Treuhandanstalt	–	–	230

[1]) Schätzung des DIW; Quellen: Deutsche Bundesbank, Berechnungen des DIW

Deutschland dürfte 1994 bei geringem wirtschaftlichen Wachstum in Schwierigkeiten mit diesem Konvergenzkriterium geraten: Addiert man zur Staatsschuld von 1.721 Mrd. DM (Schätzung für 1994) die Schulden der Treuhandanstalt von 230 Mrd. DM, so erhöhen sich die gesamten Schulden öffentlicher Einrichtungen auf 1.951 Mrd. DM. Bei einem für 1994 erwarteten BIP von 3.200 Mrd. DM sind das 61%, womit das Kriterium knapp verfehlt wäre, es sei denn, daß das wirtschaftliche Wachstum 1994 etwas höher ausfällt. Gut 50 Mrd. DM mehr, und Deutschland wäre wieder dabei.

Dieses Rechenbeispiel soll exemplarisch verdeutlichen, daß es grotesk wäre, die Erfüllung der Kriterien und damit der Einsstieg in eine neue Qualität europäischer Integration von diesem Differenzbetrag abhängig machen zu wollen. So sieht es auch der Leiter des Grundsatzreferats im deutschen Wirtschaftsministerium, R.

Zeppernick: „In der Tat erschiene es mehr als problematisch, ein Mitgliedsland von der dritten Stufe der Wirtschafts- und Währungsunion auszuschließen, dessen Haushaltsdefizit z.B. 3,1% oder 3,2% des BIP ausmachen würde bzw. dessen Staatsschuld sich – nach deutlichem Schuldenabbau – auf z.B. 63% des BIP belaufen würde." (Handelsblatt, 11.8.1994)

Bedeutung der Konjunkturphase

Ähnlich zufällig wäre es, die aktuelle Konjunkturphase zum Hauptkriterium machen zu wollen. Erfahrungsgemäß gehen der öffentliche Schuldenstand sowie die Neuverschuldung bei einem Anstieg des wirtschaftlichen Wachstums zurück: Der Staat nimmt mehr Steuern ein und spart Aufwendungen für den sozialen Schutz. Da die EU das Wachstumstal 1993/94 hatte überwinden können, wurde die Erfüllung der Schuldenkriterien umso wahrscheinlicher, je länger der Boom anhielt. Die Lage wäre zum Zeitpunkt der ersten Prüfung der Kriterienerfüllung und Entscheidung über den frühen EWU-Beginn im Jahre 1996 eher günstiger als 1994.

Der EG-Vertrag selbst bringt weiterhin die bereits früher erwähnten *Flexibilisierungen der Kriterien*: Art. 104 c Abs. 2 EGV bestimmt, daß bei der Überprüfung der Haushaltsdisziplin des Beitrittsinteressenten auch die Entwicklung der Staatsschuld zu berücksichtigen sei. Auch wenn diese über den Referenzwerten von 60% des BIP bei der Schuld und 3% beim Haushaltsdefizit lägen, könnte der Beitritt zum EWU erfolgen, wenn die Überschuldung „erheblich und laufend zurückgegangen ist." Als Beispiel ließ sich Irland anführen, das die Europäische Kommission 1994 trotz eines Verschuldungsgrades von 93% nicht als „Mitgliedsstaat mit einem übermäßigen Defizit" zu betrachten bereit war, weil Irland seine Verschuldung von 116% (1987) auf 93% (1994) reduzieren konnte und mit dieser Politik fortfuhr. (FAZ, 5.7.1994)

Deutschland könnte eine zusätzliche Norm in Anspruch nehmen, wonach Überschreitungen der Referenzwerte beitrittsunschädlich seien, wenn sie „nur ausnahmsweise und vorübergehend" auftraten. Beides war mit der Einheit verbunden, wie man der obigen Tabelle mit den unmittelbar einheitsbedingten Schuldenbestandteilen „Fonds ‚Deutsche Einheit'" und „Treuhandanstalt" entnehmen kann.

Bundesverfassungsgericht als Bremse?
Eine Barriere könnte das Bundesverfassungsgericht (BVerfG) darstellen, das mit seiner positiven Entscheidung über den Maastrichter Vertrag die Ratifizierung in Deutschland und damit das Inkrafttreten überhaupt ermöglicht hatte, dabei allerdings die strikte Einhaltung der vertraglich vereinbarten Kriterien forderte. Diese Entscheidung betraf das gesamte Abkommen und schloß auch eine verfassungsrechtliche Bewertung der Verfahrensschritte ein.

Nach dem Vertrag über die Gründung der Europäischen Union (Maastrichter Abommen) trifft der Europäische Rat auf Empfehlung der EU-Kommission und nach Anhörung des europäischen Parlaments die endgültige Entscheidung über den Beginn der Währungsunion. Dabei hat der Rat einen vom BVerfG anerkannten Entscheidungsspielraum, den er nach pflichtgemäßem Ermessen ausfüllen darf. Somit wäre die Entscheidung des Europäischen Rates über den Beginn der Währungsunion rechtmäßig, wenn sie bei Beachtung des allgemeinen Willkürverbots ermessenfehlerfrei getroffen wurde. Dazu gehörte auch die Würdigung, daß ein Mitgliedsland trotz verfehlten Verschuldungskriteriums zuzulassen sei, weil es sich auf dem richtigen Wege im Sinne des Art. 104 c EGV befand.

Nicht zulässig wäre es jedoch, nachträglich die Kriterien förmlich aufweichen zu wollen. Ein nennenswerter Teil der öffentlichen Diskussionen um den Einstieg in die EWU betraf diese Sorge. Dabei entsprach es dem vertrauten Rollenspiel, daß diese Diskussion in Deutschland besonders heftig geführt wurde. Wenn man schon die Ankerwährung der EU, die D-Mark, aufgeben mußte, dann aber nur bei an Sicherheit grenzender Wahrscheinlichkeit, daß die ECU genauso stabil sein würde wie die Mark.

d. Problem des Zeitrahmens

Die Auseinandersetzungen über den möglichen Zeitpunkt des Einstiegs nahmen seit dem Abschluß des Maastrichter Abkommens ständig zu. Insbesondere die Einstiegszeiträume vor dem 1.1.1999 wurden kritisch betrachtet: Je eher die Währungsunion kommen sollte, desto virulenter wurden die Probleme des Europas der konzentrischen Kreise bzw. mehreren Geschwindigkeiten sowie der Umdefinition der Konvergenzkriterien mit dem Ziel, sie weniger stabilitätskonform zu fassen.

Die herrschende Meinung hatte der Präsident der Deutschen Bundesbank 1994 wie folgt zusammengefaßt: „Schon heute ist absehbar, daß es voraussichtlich nicht allen Mitglieds- und Beitrittsländern gleich schnell gelingen wird, Fortschritte bei ihren Konvergenzbemühungen zu erzielen. Die Wahrscheinlichkeit, daß die vorgeschriebene Mehrheit der EU-Staaten bereits Ende 1996 den Schritt in eine Währungsunion tun kann, ist derzeit nicht sehr groß. Selbst für den Beginn im Jahr 1999 bedarf es noch großer Anstrengunen in fast allen Staaten." (Tietmeyer, 1994 b, S. 5 f.) Ähnliche Ausführungen wurden in anderen EU-Staaten sowie von der Kommission der EU gemacht. Der designierte EU-Präsident Santer vertrat 1994 die Auffassung, daß er gute Chancen sehe, daß „die gemeinsame europäische Währung noch in diesem Jahrzehnt eingeführt werden kann." (Handelsblatt, 29./30.7.1994) Daraus läßt sich ableiten, daß es erst 1999 so weit sein wird.

Andererseits war nicht zu verkennen, daß die Stimmung Mitte 1994 umzuschlagen begann. Da Großbritannien und Dänemark wegen der „Opting out"-Klausel kein Stimmrecht haben, wenn über die Einführung der dritten Stufe der EWU abgestimmt wird, die meisten Neumitglieder jedoch die Kriterien recht gut trafen, könnte eine Mehrheit schon 1996 zustandekommen – zumal mit dem Rückenwind des 1994 einsetzenden Konjunkturaufschwungs und mit pflichtgemäßer Anwendung von Art. 104 c EGV bei der Würdigung des Schulden- und Defizitabbaus seitens der EWU-Kandidaten. Die deutsche Bundesregierung akzeptierte, daß dabei nicht alle EU-Partner mitmachen konnten, denn sie wollte nicht, daß „das langsamste Schiff" im europäischen Konvoi die Geschwindigkeit bestimme. (Handelsblatt, 8.9.1994)

Die heftigen Auseinandersetzungen des Jahres 1994 zwischen England auf der einen, Deutschland und Frankreich auf der anderen Seite über die Bildung eines „europäischen Kerns", der mit der Währungsunion voranschreitet, auch wenn andere (noch) nicht folgen können, zeigte die als solche empfundene Nähe einer möglichen Mehrheitsentscheidung zugunsten der EWU. Es waren eben nicht mehr nur die Glasperlenspiele einzelner Politiker, sondern die reale Chance, daß es bald losgehen könnte, die die heftigen Vorbehalte der Staaten hervorgerufen hatte, für die ein Platz in der zweiten Reihe vorgesehen war. Diese Dynamik ließ zudem den Rückschluß auf die Würdigung der Konvergenzkriterien zu: Der Vorstoß, der 1994 aus den Reihen der CDU-Fraktion im Deutschen Bundestag kam, hatte das „Kerneuropa" definiert als die integrationsorientierten und kooperationswilligen Länder. Gemeint waren damit Deutschland und Frankreich, angereichert um die Benelux-Staaten. Von letzteren war Belgien der mit 141,6%

am höchsten verschuldete Staat in der EU. Diese Verschuldung ließe sich nur dann auf das Maastricht-Kriterium von 60% senken, wenn die Schuldenquote jährlich um ein Sechstel des gesamten Bruttoinlandsprodukts verringert würde – eine völlig aussichtlose Forderung.

Die Bereitschaft, Belgien auch kurzfristig in den engen Kreis der EWU-Mitglieder aufzunehmen, stand im Kontrast zu der sonst nachdrücklich gestellten Forderung, die Kriterien (60% des BIP) streng anzuwenden, weil „die Stabilität nicht dem Zeitplan geopfert" werden dürfe.

e. Integrationsprobleme

Der Vollständigkeit sei erwähnt, daß insbesondere die Deutsche Bundesbank immer wieder auf den immanenten Widerspruch hinwies, wonach eine vereinheitlichte Währungspolitik einer gleichfalls konzertierten Wirtschaftspolitik bedürfe: Eine gemeinsame Geldpolitik, aber eine nationale Wirtschafts- und Finanzpolitik – das passe auf Dauer kaum zusammen.

Es war daher die Deutsche Bundesbank, die wenige Jahre vor ihrem erwarteten Status- und Funktionsverlust darauf drängte, die europäische Währungsunion durch eine weitergehende und dauerhafte politische Gemeinsamkeit „im Sinne einer funktionsfähigen, ökonomischen und politischen Rahmenordnung mit klaren Entscheidungskompetenzen" zu ergänzen. (Handelsblatt, 7.9.1994) Die Grundlagen dafür jedenfalls wurden durch das Maastrichter Abkommen gleichfalls gelegt.

5. Eine abschließende Würdigung

Unabhängig von allen technischen Details der Bestimmung von Konvergenzkriterien und der anstehenden Entscheidungen darüber, wer letztlich in den „inneren Kreis“ zugelassen werden wird, hat die Politik der EU-Staaten und der vorgesehenen Neumitglieder seit der Unterzeichnung des Maastrichter Abkommens einen bemerkenswerten Schub an Kooperation und Stabilität für Europa gebracht.

Die Sorge der stabilitätsbewußteren Mitglieder und insbesondere des Ankerwährungslandes Deutschland, durch die EWU womöglich ein Geld minderer Qualität gegen die D-Mark mit ihrer jahrelang gewachsenen Reputation eintauschen zu müssen, ist mit Hilfe der Konvergenzkriterien ganz erheblich verringert worden. Damit wurde bereits jetzt schon mehr für die Geldwertsicherung in Europa und in Deutschland getan als jede isolierte nationale Antiinflationspolitik hätte erreichen können.

Man kann hier einen Vergleich wagen: Wie erfolgreich könnte die isolierte Umweltpolitik eines Landes sein, wenn seine Bemühungen immer wieder vereitelt wurden, weil Schmutzfrachten in Luft und Wasser von Nachbarstaaten her eindringen, die auf Umweltschutz verzichten? Auch inflationspolitisch ist kein Land mehr eine Insel. Geldwertstabilität erfolgreich in einer Umwelt zu sichern, die hohe Inflationsraten hinnimmt, ist langfristig nicht möglich. Der Geldwert in Deutschland kann umso besser geschützt werden, je stärker sich unsere Nachbarn mit uns auf eine konsequente Stabilitätspolitik einlassen. Die EWU ist dafür der vereinbarte Rahmen.

Der Verlust der D-Mark wird dennoch dennoch sehr schwer fallen. Um hier Schockerlebnisse zu vermeiden, sollte die künftige Europäische Zentralbank dem Rat der Financial Times vom 1.8.1994 folgen und es langsam angehen lassen: Die nationalen Gelder würden noch lange Zeit zu unwiderruflich fixierten Kursen bestehen bleiben, während die EZB die gemeinsame Geldpolitik mit Unterstützung der im ESZB verbundenen nationalen Notenbanken betrieb. „Meanwhile, the *angst* of the man on the *U-Bahn* would be assuaged by continued circulation of his beloved *D-Marks*.“ Nach langer Weitergeltung der nationalen Banknoten werden allmählich die anfangs als Exoten empfundenen europäischen Banknoten eingeführt. Dabei wird man feststellen, daß die

Währungsunion gar nicht wehgetan hat. Und sehr bald überwiegen die Vorteile des gemeinsamen Geldes.

Literatur

Berg, Hartmut, Internationale Wirtschaftspolitik, Göttingen 1976

Bishop, Graham, EMU is still Alive, in: Financial Times, 7.3.1994

Bishop, Graham, Europäische Währungsunion: Märkte diktieren den Kurs, in: Handelsblatt, 19.5.1994

Braunberger, Gerald, Währungsunion im Wartesaal, in: AZ, 7.6.1994.

Brittan, Samuel, Single Currency rises Again, in: Financial Times, 12.5.1994

Buerkle, Tom, European Currency Dream revives, in: International Herald Tribune, 25.4.1994

Bülow, Friedrich, Wörterbuch der Wirtschaft, 5. ufl., Stuttgart 1967

Cartellieri, Ulrich, Europa-Geld ohne Alternative, in: DIE ZEIT, 29.10.1993

Central Banking, Analysis: Towards the DM Standard, London 1993. Abgedruckt in: Deutsche Bundesbank, Auszüge aus Presseartikeln, 14.9.1993

Czada, Peter; Tolksdorf, Michael; Yenal, Alparslan, Internationale Währungsprobleme. Zur Geschichte, Funktion und Krise des internationalen Währungssystems, Opladen 1988

Czada, Peter; Tolksdorf, Michael; Yenal, Alparslan, Wirtschaftspolitik. Aktuelle Problemfelder, 2. Auflage, Opladen 1992

Deutsche Bundesbank, Die Beschlüsse von Maastricht zur Europäischen Wirtschafts- und Währungsunion, in: Monatsberichte 2/1992

Deutsche Bundesbank, Die jüngsten geld- und währungspolitischen Beschlüsse und die Entwicklungen im Europäischen Währungssystem, in: Monatsberichte 8/1993

Deutsche Bundesbank, Die zweite Stufe der Europäischen Wirtschafts- und Währungsunion. Regelungen und Auswirkungen auf den institutionellen Rahmen der deutschen Notenbankpolitik, in: Monatsberichte 1/1994

Deutsche Bundesbank, Entwicklung und Bestimmungsfaktoren des Außenwerts der D-Mark, in: Monatsberichte 11/1993 (1993 a)

Deutsche Bundesbank, Internationale Organisationen und Gremien im Bereich von Währung und Wirtschaft, Sonderdruck Nr. 3, 4. Aufl., Frankfurt 1992 (1992 a)

Deutsches Institut für Wirtschaftsforschung, Erweiterte Bandbreiten im EWS: ein notwendiges Provisorium, Wochenbericht 36/93

Deutsches Institut für Wirtschaftsforschung, Maastricht: Hemmnis für die monetäre Integration? Wochenbericht 51/52, Berlin 1993

De Grauwe, Paul, The Economics of Monetary Integration, Oxford 1992

Europa 2000. Schritte zur Europäischen Union. Presse- und Informationsamt der Bundesregierung, Bonn 1993

Feldstein, Martin, Wirtschaftliche Aspekte der Europäischen Währungsunion. Abgedruckt in: Deutsche Bundesbank, Auszüge aus Presseartikeln, 23.1.1992

French, Derek; Saward, Heather, A Dictionary of Mnagement, London und Sydney 1983

Für die Wirtschafts- und Währungsunion. Eine Stellungnahme europäischer Wirtschaftswissenschaftler, EG-Nachrichten 8/1992

Gaddum, Johann W., The European Monetary Union - Fiction or Reality? New York 1994. Abgedruckt in: Deutsche Bundesbank, Auszüge aus Presseartikeln, 22.6.1994

Gaddum, Johann W., Ziele und Möglichkeiten deutscher Geldpolitik in Europa, Bochum 1994. Abgedruckt in: Deutsche Bundesbank, Auszüge aus Presseartikeln, 27.1.1994

Glastetter, Werner, Außenwirtschaftspolitik. Eine problemorientierte Einführung mit einem Kompendium außenwirtschaftlicher Fachbegriffe, 2, Aufl., Köln 1979

Griffiths, Alan; Wall, Stuart, Applied Economics. An Introductory Course, 5. Aufl., London und New York 1993

Guth, Wilfried, Währungsunion: In Schüben und Sprüngen, in: DIE ZEIT, Nr. 24/94 vom 10.6.1994

Harbrecht, Wolfgang, Die Europäische Gemeinschaft, 2. Aufl., Stuttgart 1984

Hardes, Hans-D.; Rahmeyer, Fritz; Schmid, Alfons, Volkswirtschaftslehre. Eine prolemorientierte Einführung. 17. Aufl., Tübingen 1990

Henning, Friedrich-W., Das industrialisierte Deutschland 1914 bis 1992, 8. Aufl., Paderborn u.a., 1993

Holland, Martin, European Integration. From Community to Union, London 1994

Issing, Otmar, Monetary Policy Strategy in the EMU, Amsterdam 1993. Abgeruckt in: Deutsche Bundesbank, Auszüge aus Presseartikeln, 26.10.1993

Kloten, Norbert, Der "Delors-Bericht". in: Europa Archiv, Zeitschrift für internationale Politik, Bonn, 9/18989

Köhler, Claus, Die Krise des EWS und die Europäische Währungsunion, in: Wirtschaftsdienst des HWWA Instituts für Wirtschaftsforschung, Hamburg, IX/1993

Krupp, Hans-J., Europäische Union und Zukunft der Mark, Hamburg 1994. Abgedruckt in: Deutsche Bundesbank, Auszüge aus Presseartikeln, 8.7.1994

Lamfalussy, Alexandre, Das EWI und die vor ihm liegenden Aufgaben, Frankfurt 1994. Abgedruckt in: Deutsche Bundesbank, Auszüge aus Presseartikeln, 11.3.1994

Lamfalussy, Alexandre, EWI: Europäische Zentralbank entsteht nicht einfach nach deutschem Schnittmuster, in: Handelsblatt, 10.3.1994

Lamfalussy, Alexandre, The European Monetary Institute, a Forum for die Harmonisation of Monetary Policies, Paris 1994. Abgedruckt in: Deutsche Bundesbank, Auszüge aus Presseartikeln, 22.4.1994

Maier-Mannhart, Helmut, Wenn der Wechselkurs zur Waffe wird. In: Süddeutsche Zeitung, 3.5.1994

Nahrendorf, Rainer, Europäische Union - Die gemeinsame Währung schafft noch keinen Euro-Staat, in: Handelsblatt, 25.5.1993

Nemitz, Kurt, Zweimal "Währungsunion". Anmerkungen zur deutschen und europäischen Währungspolitik, in: Der Stand und die nächste Zukunft der Geldforschung. Festschrift für Hajo Riese zum 60. Geburtstag, hg. von H.-J. Stadermann und O. Steiger, Berlin 1993

Predöhl, Andreas, Das Ende der Weltwirtschaftskrise. Eine Einführung in die Probleme der Weltwirtschaft, Reinbek 1962

Reichert, Peter; Wolf-Doettinchem, Lorenz, Europäische Union: Vorderste Linie. Bei einer EU-Erweiterung steigen die Chancen für die Europäische Währungsunion, in: Wirtschaftswoche, Nr. 11/94 vom 11.3.1994

Schaumayer, Maria, Die österreichische Währungspolitik und die europäische Integration, in: Zeitschrift für das gesamte Kreditwesen, 15.5.1994

Schlesinger, Helmut, Der Vertrag von Maastricht und die besondere deutsche Lage, Athen 1992. Abgedruckt in: Deutsche Bundesbank, Auszüge aus Presseartikeln, 25.6.1992

Schlesinger, Helmut, Europäische Wirtschafts- und Währungsunion aus der Sicht der Bundesrepublik Deutschland, Zürich 1992. Abgedruckt in: Deutsche Bundesbank, Auszüge aus Presseartikeln, 3.7.1992

Schlesinger, Helmut, Währungsreformen und Währungsunion - sind sie Lehrbeispiele für eine europäische Währung? Luxemburg 1993. Abgedruckt in: Deutsche Bundesbank, Auszüge aus Presseartikeln, 5.11.1993

Schmid, Klaus-P., Europa: Die wirtschaftlichen Vorteile einer gemeinsamen Währung - Bollwerk gegen Spekulanten, in: DIE ZEIT, Nr. 42/92 vom 9.10.1992

Schmitt, Thomas, Drei-Klassen-Gesellschaft im Währungsverbund. Schuldenspirale könnte Ruhe im EWS stören, in: Handelsblatt, 8./9.7.1994

Schulze, Hagen, Weimar. Deutschland 1917-1933, Berlin 1982

Sievert, Olaf, Deutsche Geldpolitik zwischen nationalem Interesse und europäischer Rücksichtnahme? Bonn 1993. Abgedruckt in: Deutsche Bundesbank, Auszüge aus Presseartikeln, 21.12.1993

Swann, Dennis, The Economics of the Common Market, Harmondsworth 1984

Tietmeyer, Hans, Aktuelle Fragen der Währungspolitik, Düsseldorf 1994. Abgedruckt in: Deutsche Bundesbank, Auszüge aus Presseartikeln, 16.3.1994

Tietmeyer, Hans, Europa auf dem Weg zur monetären Integration, Helsinki 1994. Abgedruckt in: Deutsche Bundesbank, Auszüge aus Presseartikeln, 25.5.1994 (1994)

Tietmeyer, Hans, Geld- und wirtschaftspolitische Fragen aus Sicht der Deutschen Bundesbank, Bielefeld 1994. Abgedruckt in: Deutsche Bundesbank, Auszüge aus Presseartikeln, 6.9.1994 (1994 b)

Tolksdorf, Michael, Europäischer Binnenmarkt 1993. Opladen 1991

Uterwedde, Henrik, Die Europäische Gemeinschaft. Entwicklung, Zwischenbilanz und Perspektiven zum Binnenmarkt 1992, 5. Aufl., Berlin 1989

Vehrkamp, Robert, EWS: Währungsstabilität bis zur Endphase nicht gesichert, in: Handelsblatt, 2.8.1994

Waigel, Theo, Die Konvergenz in der Europäischen Gemeinschaft, Frankfurt 1992. Abgedruckt in: Deutsche Bundesbank, Auszüge aus Presseartikeln, 2.6.1992

Wisdorff, Eberhard, Nützlicher Streit um Europas Zukunft. Die Erweiterung macht eine institutionelle Reform der EU unabdingbar, in: Handelsblatt, 9./10.9.1994

Wolf, Martin, EMU may not be Dead, after all, in: Financial Times, 1.8.1994

Wolf, Martin, In Praise of the International Monetary Non-System. In: Financial Times, 28.3.1994

Wolf-Doettinchem, Lorenz, Währungsunion: Der Wahlkampf um das Euro-Geld läuft ins Leere. Den Deutschen bleibt die geliebte Mark noch lange erhalten. In: Wirtschaftswoche, Nr. 23/94 vom 3.6.1994

Zeppernick, Ralf, Maastrichter Verträge: Bei der Währungsunion kommt es auf die Konvergenzbedingungen an. In: Handelsblatt, 11.8.1994

Zschiedrich, Harald, Binnenmarkt Europa. Einführung in die Grundlagen. Wiesbaden 1993

Quellennachweis der Abbildungen und Tabellen:

Seite	*Quelle*
9	Handelsblatt, 9./10.10.1992
11	Globus-Kartendienst
14	Globus-Kartendienst
28	DIW Berlin, Wochenbericht 36/93 vom 9.9.1993
30	Deutsche Bundesbank, Monatsbericht Novembe 1993, S. 42
31	Handelsblatt, 5./6.8.1994
37	Handelsblatt, 7.7.1994
46	Zahlenbilder, Erich Schmidt Verlag
55	Gerda Zellentin, Europa 1985, Bonn 1972, S. 96
59	IS Grafik 1993-334, Inst. d. deutschen Wirtschaft
64	imu-Grafik 931033
68/69	Deutsche Bundesbank, Internationale Organisationen, Frankfurt 1992a, S. 198-199
80	ZEIT-Grafik Wolfgang Sischke/Gisela Breuer
84	DIW Berlin, Wochenbericht 36/93 vom 9.9.1993, S. 493
86	Handelsblatt, 20.1.1994
88	Handelsblatt, 29./30.7.1994
100	nach Emerson/Huhne, Der ECU-Report, Bonn u.a. 1991, S. 27
103	DIE ZEIT, 1.10.1993
107	Deutsche Bundesbank, Monatsbericht November 1991, S.
108	Deutsche Bundesbank, Monatsbericht November 1991, S. 41
111	Wirtschaftswoche 35/94 vom 26.8.1994
114	Handelsblatt, 27.11.1991
122	Handelsblatt 23.3.1994
124	Handelsblatt, 1.2.1994
132	Handelsblatt, 9./10.9.1994
137	tz, München, 1992
141	Handelsblatt, 6.6.1996